7級の復習テスト(1) 読み

月　日

時間 20分【はやい15分・おそい25分】
合格 80点（一つ4点）
得点　点

1 ——線の漢字の読み方を書きなさい。

① 月が欠ける。（　）
② 大阪城に行く。（　）（　）
③ 羊の群れ。（　）
④ ほんのわずかの差。（　）
⑤ 姉と共に出かける。（　）
⑥ 愛媛県の人。（　）
⑦ 子孫が代々栄える。（　）（　）
⑧ 梨の実。（　）

2 ——線の漢字の読み方を書きなさい。

① 無線で通信する。（　）
② 夫とつま。（　）
③ 便りがとどく。（　）
④ きれいに印刷《さつ》する。（　）
⑤ 細長い管。（　）
⑥ 注目を浴びる。（　）
⑦ 熊の親子。（　）
⑧ 国の成り立ち。（　）

3 ——線の漢字の読み方を書きなさい。

① 新潟県に行く。（　）
② 鹿せんべい。（　）
③ 岐阜県の出身。（　）
④ 一人ずつ投票する。（　）
⑤ テレビを録画する。（　）
⑥ 信用のある店。（　）
⑦ 努力をおしまない。（　）
⑧ 注意を欠く。（　）

7級の復習テスト(1) 書き

月　日

時間 20分 【はやい15分・おそい25分】
合格 80点 (一つ4点)
得点　　点

1 次の漢字を書きなさい。

① お寺に（　　）《まいる》。
② □□《さくねん》のことです。
③ □□《けっきょく》だめだった。
④ □□《かんけい》がない。
⑤ 海で□《りょう》をする。
⑥ □《なわ》とびをする。
⑦ □□《ながさき》の出島《でじま》。
⑧ 水分が□□《ふそく》する。

2 次の漢字を書きなさい。

① □□《おかやま》県に住む。
② □□《ぶじ》に終わった。
③ 雨がまどを（　　）《つたう》。
④ □□《みやざき》県の出身。
⑤ 頭が（　　）《よい》。
⑥ □□《せいと》の□《せき》。
⑦ □《べつ》の本を読む。
⑧ 食べ（　　）《のこし》をなくす。

3 次の漢字を書きなさい。

① （　　）《しずか》な人。
② □□《もくひょう》を立てる。
③ （　　）《のぞみ》を持つ。
④ 今度の□《あん》。
⑤ □□□□《ひゃっかじてん》。
⑥ □《とみ》をきずく。
⑦ □《はた》が風になびく。
⑧ □□《じっけん》が始まる。

2日 7級の復習テスト(2) 読み

月　日

時間 20分【はやい15分・おそい25分】
合格 80点（一つ4点）
得点　点

1 ――線の漢字の読み方を書きなさい。

① 大会に参加《か》する。
② 子《こ》どもが産まれる。
③ 関所をこえる。
④ 漁船に乗る。
⑤ 農水省につとめる。
⑥ 生き方を説く。
⑦ 海辺を歩く。
⑧ 福岡県に行く。

⑤「農水省」は正式には「農林水産省」というよ。

2 ――線の漢字の読み方を書きなさい。

① 鹿の親子。
② 類いまれな力。
③ 害はほとんど無い。
④ 暗い倉の中。
⑤ 競馬場に人が集まる。
⑥ 平静をよそおう。
⑦ 約一週間かかる。
⑧ おばに養われる。

3 ――線の漢字の読み方を書きなさい。

① 要点を言う。
② 群馬県の山。
③ 徒歩で学校に行く。
④ 塩をかける。
⑤ 選手を集める。
⑥ 的に当てる。
⑦ 妹が泣いている。
⑧ 氏名を書く。

7級の復習テスト(2) 書き

月	日

時間 20分 【はやい15分・おそい25分】
合格 80点 （一つ4点）
得点　　点

1 次の漢字を書きなさい。

① □□《けってん》を直す。
② かさを（　）《さす》。
③ 二人に□□《きょうつう》する。
④ □□《どうとく》の授業《じゅぎょう》。
⑤ 野球の□□《しあい》。
⑥ □□《けってん》をかくす。
⑦ □《まご》の手を引く。
⑧ □□《えひめ》県に行く。

2 次の漢字を書きなさい。

① 船の□□《すいふ》。
② □□□《しんやびん》で帰る。
③ □□《はたじるし》をかかげる。
④ 時間を□□《かんり》する。
⑤ 水を（　）《あびせる》。
⑥ （　）《のぞみ》が高い。
⑦ □《まと》を（　）《えらぶ》。
⑧ 助けを（　）《もとめる》。

3 次の漢字を書きなさい。

① □□□《ふくぶちょう》になる。
② みんなで□□《きょうりょく》する。
③ □□《じしょ》で調べる。
④ （　）《かならず》やること。
⑤ □□《しんねん》を持つ。
⑥ □□《しが》県の湖。
⑦ 歩くのが□□《にっか》だ。
⑧ □□《しぜん》に親しむ。

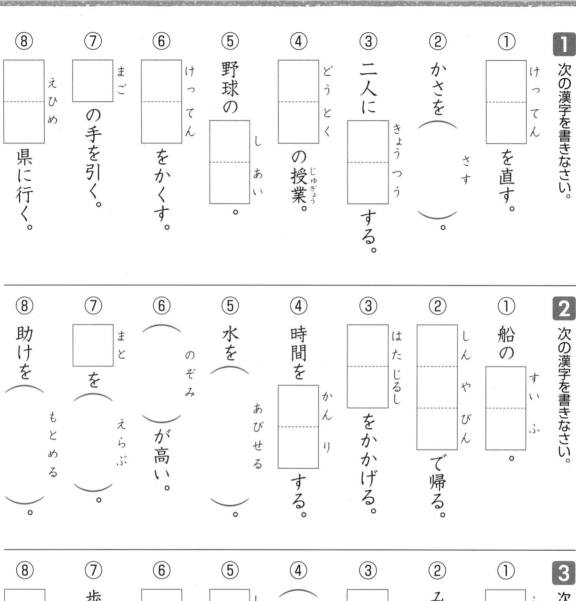

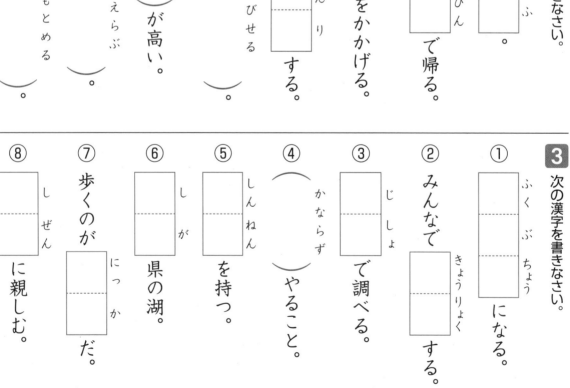

3日 7級の復習テスト(3)

読み

月　日

時間 20分 【はやい15分・おそい25分】

合格 80点 (一つ4点)

得点　　点

1 ―線の漢字の読み方を書きなさい。

① かみの毛を結ぶ。( )

② 会議に全員で関わる。( )( )

③ 兄と競走する。( )

④ 新しい試み。( )

⑤ 岡を登る。( )

⑥ 茨の道。( )

⑦ 不気味な色。( )

⑧ 城下町。( )

2 ―線の漢字の読み方を書きなさい。

① 沖合に出る。( )

② 伝記を読む。( )

③ 井戸水。( )

④ 良心がいたむ。( )

⑤ 計画の要。( )

⑥ 有望な新人。( )

⑦ 十字路で別れる。( )

⑧ 残らず売れる。( )

3 ―線の漢字の読み方を書きなさい。

① 佐賀県に住む。( )

② 司会をつとめる。( )

③ 奈良のお寺。( )

④ 安全運行に努める。( )

⑤ 目的地に着く。( )

⑥ 便利な道具。( )

⑦ 富山県の海。( )

⑧ 衣類のせんたく。( )

7級の復習テスト(3) 書き

月　日

時間 20分【はやい15分・おそい25分】
合格 80点（一つ4点）
得点　点

1 次の漢字を書きなさい。

① □□□《かごしま》県に行く。
② 工場で□□《せいさん》する。
③ きちんと□□《せつめい》する。
④ この□□《きんぺん》の家。
⑤ 心を（　　　）《しずめる》。
⑥ □□□《にっこうよく》をする。
⑦ 両親を（　　　）《やしなう》。
⑧ 一回り□□《せいちょう》する。

2 次の漢字を書きなさい。

① □□《そうこ》に入れる。
② 手間を（　　　）《はぶく》。
③ □□《じどう》会に出る。
④ □□《おきなわ》の海。
⑤ 住所と□□《しめい》を書く。
⑥ □□《じゅんばん》をまつ。
⑦ □《とく》に問題はない。
⑧ □□《えんぶん》をひかえる。

3 次の漢字を書きなさい。

① 京都□《ふ》の□□《きこう》。
② いつもの□《せき》に着く。
③ □□《さいたま》県の花。
④ □□《でんごん》がとどく。
⑤ □《りく》に上がる。
⑥ 植物の□《たね》をまく。
⑦ □《ねつ》が下がる。
⑧ 赤ちゃんが（　　　）《なく》。

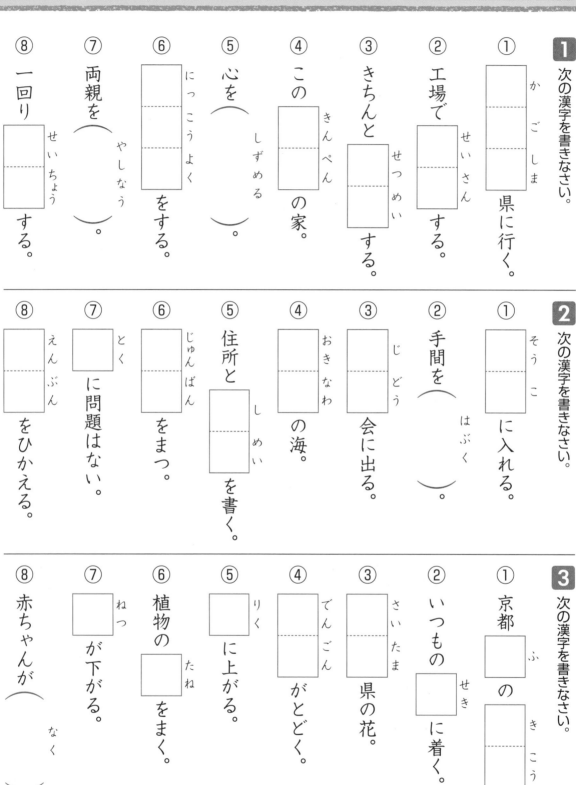

7級の復習テスト(4) 読み

月　日

時間 20分 【はやい15分・おそい25分】
合格 80点 (一つ4点)
得点　　点

1 ――線の漢字の読み方を書きなさい。

① 新種の生物。
② 便所へ行く。
③ 魚が群れる。
④ 道徳の本。
⑤ 信用できる人だ。
⑥ 有害なけむり。
⑦ よい方法をさがす。
⑧ 親類の家へ行く。

2 ――線の漢字の読み方を書きなさい。

① 早く協力しなさい。
② 説明書を書く。
③ 選挙《きょ》で学級委員を選ぶ。
④ 府立の図書館。
⑤ 会議を開く。
⑥ 安静にする。
⑦ 干《ひ》潟に行く。
⑧ 目標を持つ。

3 ――線の漢字の読み方を書きなさい。

① すもうの行司。
② 録音をする。
③ 負けて残念だ。
④ 愛らしい子。
⑤ 国が栄える。
⑥ 天候が悪い。
⑦ 川崎市に行く。
⑧ 必要な品物。

7級の復習テスト(4) 書き

月　日

時間 20分 【はやい15分・おそい25分】
合格 80点 （一つ4点）
得点　　点

1 次の漢字を書きなさい。

① 道具を□□《りよう》する。
② 虫の□□《たいぐん》。
③ 全員に（　　）《つたえる》。
④ □《まと》に当てる。
⑤ □□《こっき》をかかげる。
⑥ □□《もくざい》を買う。
⑦ □□《はんせい》する。
⑧ 学年と□□《しめい》を書く。

2 次の漢字を書きなさい。

① むだを（　　）《はぶく》。
② □《ひょう》を数える。
③ しつの良い□□《いるい》。
④ 作文の□□《かだい》。
⑤ お店を（　　）《えらぶ》。
⑥ □□《てんねん》の□《しお》。
⑦ 広場で（　　）《わかれる》。
⑧ この（　　）《あたり》で休もう。

3 次の漢字を書きなさい。

① （　　）《あつい》お茶を飲む。
② 一□《おく》年前。
③ 一□《ちょう》円の予算。
④ □□《ねっしん》にいのる。
⑤ 日本の□□《さんぎょう》。
⑥ □□《えいよう》をとる。
⑦ 良い□《あん》を出す。
⑧ □□《どりょく》を重ねる。

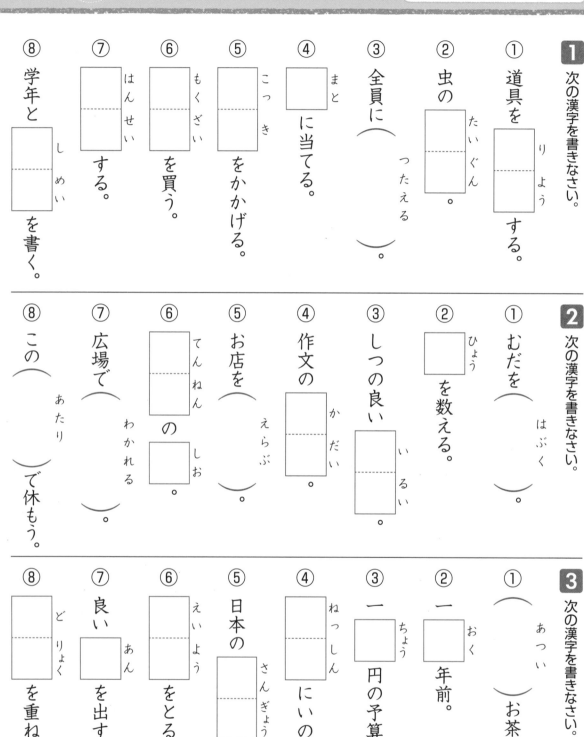

5日 老・臣・満・功・博・単

1 老

画数 6

音 ロウ

訓 おいる・(ふける)

部首 耂(おいかんむり・おいがしら)

意味 年をとる。年よりをうやまう言葉。

・筆順どおりに書きなさい。

ながく　ひだりにはらう　うえにはねる

―線の漢字の読み方を書きなさい。

① 老人。

② 老いた馬。

③ 老後。

④ 敬《けい》老の日。

2 臣

画数 7

音 シン・ジン

訓 ―

部首 臣(しん)

意味 けらい。

・筆順どおりに書きなさい。

たてに

―線の漢字の読み方を書きなさい。

① 大臣。

② 家臣。

③ 重臣。〔高い位《くらい》にある家来〕

3 満

画数 12

音 マン

訓 みちる・みたす

部首 氵(さんずい)

意味 みちる。すみずみまでいきわたる。

・筆順どおりに書きなさい。

はねる

―線の漢字の読み方を書きなさい。

① 満員。

② 満開。

③ 満ちる。

④ 満十一才。

4 功

画数 5

音 コウ・(ク)

訓 ―

部首 力(ちから)

意味 てがら。いさお。

・筆順どおりに書きなさい。

つきださない　みぎうえに　はねる　つきだす

―線の漢字の読み方を書きなさい。

① 成功。

② 功績《せき》。

③ 功労《ろう》者。

④ 功罪《ざい》。

5 博

画数 12

音 ハク・(バク)

訓 ―

部首 十(じゅう)

意味 広い。はかせ。

・筆順どおりに書きなさい。

とめる　わすれずに　はねる

―線の漢字の読み方を書きなさい。

① 博らん会。

② 医学博士《し》。

③ 博学。

④ 博愛

6 単

画数 9

音 タン

訓 ―

部首 ⺍(つかんむり)

意味 一つ。ひとり。てがるである。

・筆順どおりに書きなさい。

ひだりしたに　ながく

―線の漢字の読み方を書きなさい。

① 簡《かん》単。

② 長さの単位《い》。

③ 単語。

④ 単刀直入

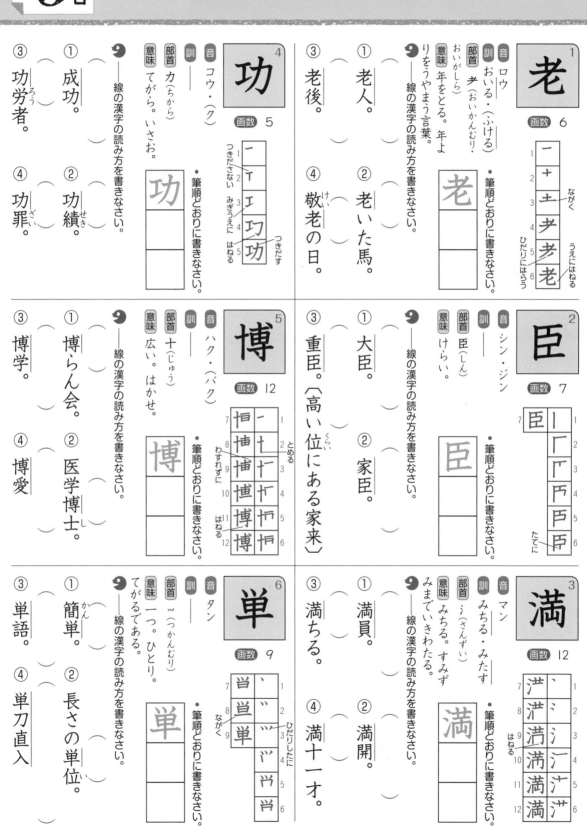

月　日

時間 20分【はやい15分・おそい25分】
合格 20問
正答 /24問

書いてみよう

※（　　）は送りがなも書きなさい。

1

① 敬《けい》□《ろう》の日。

② （　　）《としおい》た馬。

③ □□《ろうじん》をいたわる。

④ □□《ろうご》の生活。

2

① □□《だいじん》の演説《えんぜつ》。

② との様と□□《かしん》。

③ 総理《そうり》□□《だいじん》。

④ □□《じゅうしん》。〔高い位《くらい》にある家来〕

3

① □□《まんいん》電車。

② □□《まんかい》のさくら。

③ しおが（　　）《みちる》。

④ □《まん》十一才。

4

① □□《せいこう》する。

② すぐれた□《こう》績《せき》。

③ 今までの□《こう》労《ろう》。

④ かれの□《こう》罪《ざい》。

5

① □《はく》らん会。

② 医学□《はく》士《し》。

③ □□《はくがく》な人。

④ □□□《はくぶつかん》。

6

① 重さの□《たん》位《い》。

② 簡《かん》□《たん》な仕かけ。

③ □□《たんちょう》な仕事。

④ わり算の□□《たんげん》。

6日　覚・達・建・菜・浅・初

覚 7

画数 12

音 カク
訓 おぼえる・さます・さめる
部首 見（みる）
意味 おぼえる。さとる。感じる。目がさめる。

• 筆順どおりに書きなさい。

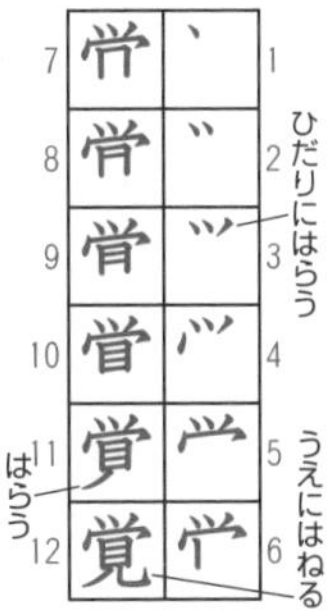

——線の漢字の読み方を書きなさい。

① 目が覚める。（　　）
② 自覚。（　　）
③ 公式を覚える。（　　）
④ 見覚え。（　　）

達 8

画数 12

音 タツ　訓 —
部首 辶（しんにょう・しんにゅう）
意味 とどく。すぐれる。

• 筆順どおりに書きなさい。

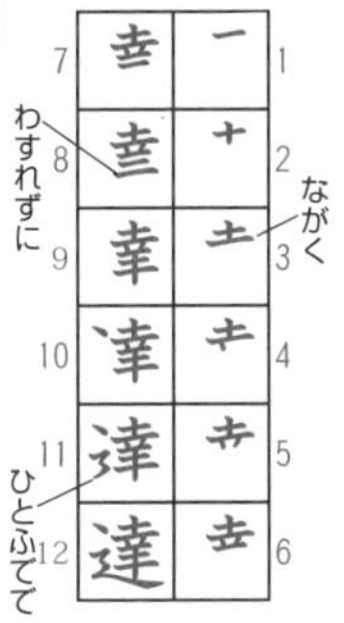

——線の漢字の読み方を書きなさい。

① 新聞配達。（　　）
② 弓道《きゅうどう》の達人。（　　）

「友達《ともだち》」は特別な読み方です。

建 9

画数 9

音 ケン・（コン）
訓 たてる・たつ
部首 廴（えんにょう）
意味 家などをたてる。

• 筆順どおりに書きなさい。

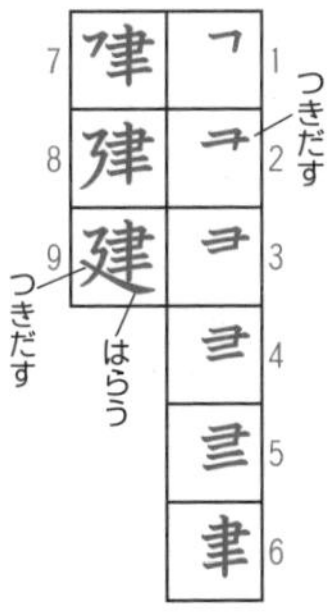

——線の漢字の読み方を書きなさい。

① 建物。（　　）
② 建築《ちく》中。（　　）
③ 建てる。（　　）
④ 建設《せつ》。（　　）

菜 10

画数 11

音 サイ
訓 な
部首 艹（くさかんむり）
意味 やさい。おかず。

• 筆順どおりに書きなさい。

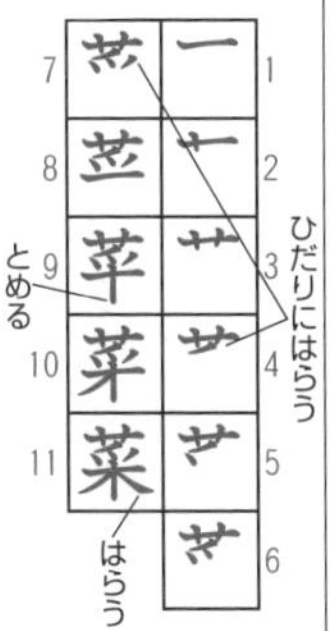

——線の漢字の読み方を書きなさい。

① 菜の花。（　　）
② 野菜。（　　）
③ 白菜。（　　）
④ 菜園。（　　）

浅 11

画数 9

音 （セン）
訓 あさい
部首 氵（さんずい）
意味 あさい。つながりがうすい。

• 筆順どおりに書きなさい。

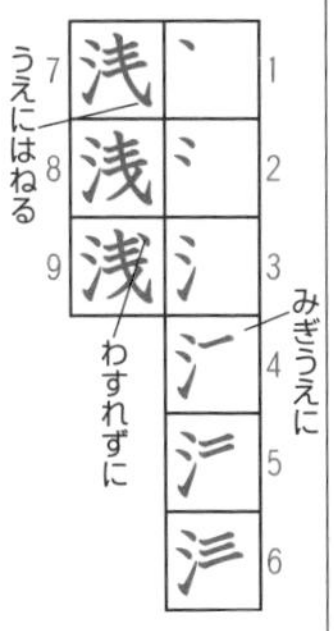

——線の漢字の読み方を書きなさい。

① 浅い川。（　　）
② 浅緑色。（　　）
③ 遠浅。（　　）
④ 底《そこ》が浅い。（　　）

初 12

画数 7

音 ショ
訓 はじめ・はじめて・はつ・（うい）・（そめる）
部首 刀（かたな）
意味 はじめ。おこり。はじまり。

• 筆順どおりに書きなさい。

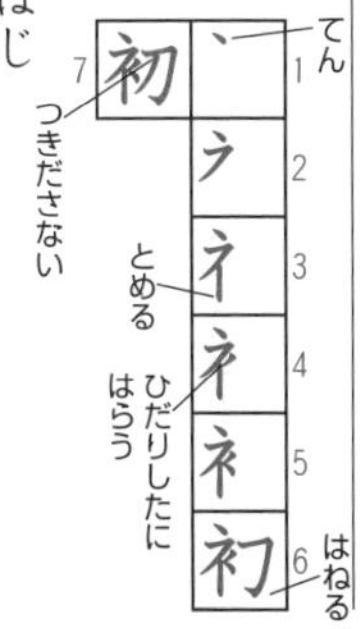

——線の漢字の読み方を書きなさい。

① 最《さい》初。（　　）
② 初め。（　　）
③ 初雪。（　　）
④ 初代。（　　）

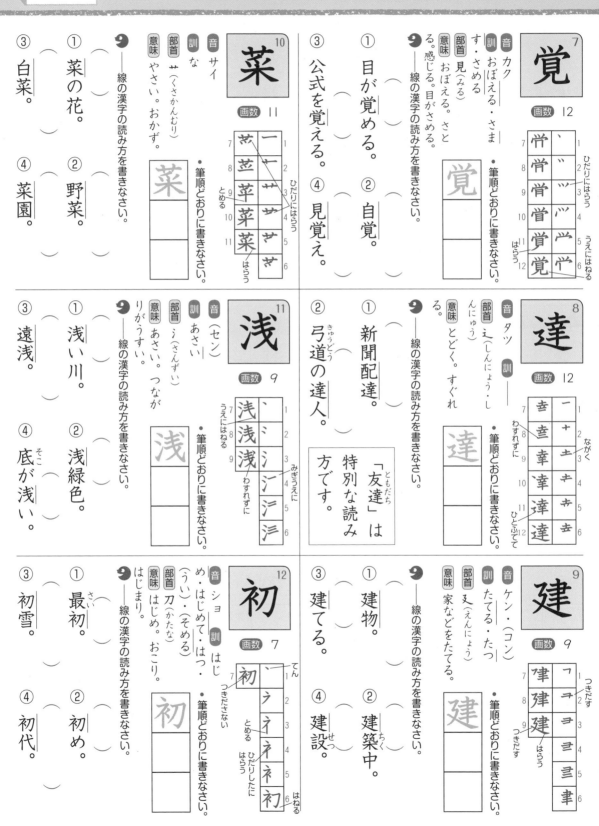

書いてみよう

月　日

時間 20分 【はやい15分・おそい25分】
合格 20問
正答 ／24問

7

① 字を（　　）《おぼえる》。

② （　　）《めざまし》時計。

③ よく□□《じかく》する。

④ 指先の□□《かんかく》。

8

① 新聞□□《はいたつ》。

② □□《そくたつ》で送る。

③ 早く□□《じょうたつ》する。

④ けん道の□□《たつじん》。

9

① 大きな□□《たてもの》。

② □《けん》築《ちく》中の家。

③ 家を（　　）《たてる》。

④ □□《けんこく》記念の日。

10

① □《な》の花畑。

② □□《やさい》を食べよう。

③ □□《はくさい》のつけもの。

④ 家庭□□《さいえん》。

11

① □□《とおあさ》の海。

② □□□《あさみどりいろ》。

③ （　　）《あさい》川をわたる。

④ 歴史《れきし》の（　　）《あさい》学校。

12

① □□《はつゆき》がふる。

② （　　）《はじめて》行く家。

③ 年の（　　）《はじめ》。

④ □□《しょだい》の社長。

7日

復習テスト(1)　読み

月　日

時間 20分【はやい15分・おそい25分】
合格 80点（一つ4点）
得点　点

1 ——線の漢字の読み方を書きなさい。

① 満足している。
② バケツを水で満たす。
③ 目が覚める。
④ 実験に成功する。
⑤ 老後の生活。
⑥ 老いた男。
⑦ との様と家臣。
⑧ 大臣の演説《えんぜつ》を聞く。

2 ——線の漢字の読み方を書きなさい。

① 博らん会を見学する。
② 目的を達成する。
③ 二階建ての家。
④ 菜食生活をする。
⑤ 満開のさくら。
⑥ 菜種油を買う。
⑦ 海洋博が開かれる。
⑧ 簡《かん》単にする。

3 ——線の漢字の読み方を書きなさい。

① 事実が発覚する。
② 海のしおが満ちる。
③ 家が建つ。
④ 初出の漢字。
⑤ 初耳のニュース。
⑥ 工業が発達する。
⑦ 浅づけのキュウリ。
⑧ 多くの博学の臣下を持つ。

②「満」は二通りの訓《くん》読みがあるよ。

復習テスト(1) 書き

月　日

時間 20分 【はやい15分・おそい25分】
合格 80点 (一つ4点)
得点　点

1 次の漢字を書きなさい。

① （　　）《としおい》た父。
② 大名に仕える□□《かしん》。
③ 駅前にビルが（　　）《たつ》。
④ 文明が□□《はったつ》する。
⑤ パソコン□□□《しょしんしゃ》。
⑥ （　　）《はじめて》会った人。
⑦ （　　）《あさい》川で水遊び。
⑧ 自信に（　　）《みちる》。

2 次の漢字を書きなさい。

① 医学□《はく》士《し》。
② □□《やさい》を食べよう。
③ □□□《はくぶつかん》の□《けん》設《せつ》。
④ □《な》の花畑。
⑤ 目を（　　）《さます》。
⑥ 年の（　　）《はじめ》。
⑦ 水を（　　）《みたす》。
⑧ □□《たっしゃ》でくらす。

3 次の漢字を書きなさい。

① □□《はつゆき》がふる。
② 学習の□□《たんげん》。
③ 研究が□□《せいこう》する。
④ □□《まんいん》の電車。
⑤ □□《ろうじん》を大切に。
⑥ □□□□《けんこくきねん》の日。
⑦ 料理の□□《たつじん》。
⑧ □□《だいじん》の演説《えんぜつ》。

月　日

8日　挙・戦・勇・変・照・労

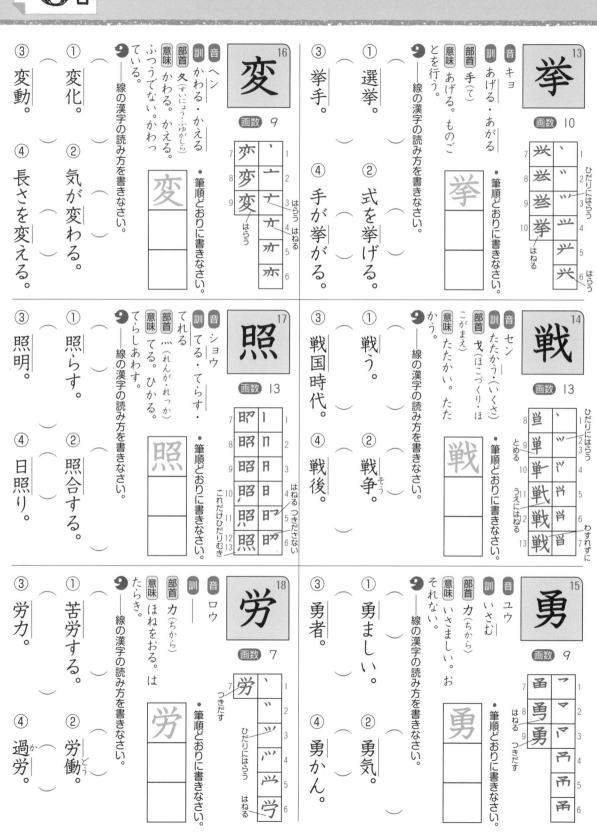

13 挙

音 キョ

訓 あげる・あがる

部首 手(て)

意味 あげる。ものごとを行う。

画数 10

・筆順どおりに書きなさい。

ひだりにはらう（2・3）　はらう（6）　はねる（10）

挙

——線の漢字の読み方を書きなさい。

① 選挙。（　　）
② 式を挙げる。（　　）
③ 挙手。（　　）
④ 手が挙がる。（　　）

14 戦

音 セン

訓 たたかう・(いくさ)

部首 戈(ほこづくり・ほこがまえ)

意味 たたかい。たたかう。

画数 13

・筆順どおりに書きなさい。

ひだりにはらう（2・3）　とめる（9）　うえにはねる（11）　わすれずに（13）

戦

——線の漢字の読み方を書きなさい。

① 戦う。（　　）
② 戦争《そう》。（　　）
③ 戦国時代。（　　）
④ 戦後。（　　）

15 勇

音 ユウ

訓 いさむ

部首 力(ちから)

意味 いさましい。おそれない。

画数 9

・筆順どおりに書きなさい。

はねる（8）　つきだす（9）

勇

——線の漢字の読み方を書きなさい。

① 勇ましい。（　　）
② 勇気。（　　）
③ 勇者。（　　）
④ 勇かん。（　　）

16 変

音 ヘン

訓 かわる・かえる

部首 夂(すいにょう・ふゆがしら)

意味 かわる。かえる。ふつうでない。かわっている。

画数 9

・筆順どおりに書きなさい。

はらう（3）　はねる（4）　はらう（9）

変

——線の漢字の読み方を書きなさい。

① 変化。（　　）
② 気が変わる。（　　）
③ 変動。（　　）
④ 長さを変える。（　　）

17 照

音 ショウ

訓 てる・てらす・てれる

部首 灬(れんが・れっか)

意味 てる。ひかる。てらしあわす。

画数 13

・筆順どおりに書きなさい。

はねる（4）　つきださない（6）　これだけひだりむき（13）

照

——線の漢字の読み方を書きなさい。

① 照らす。（　　）
② 照合する。（　　）
③ 照明。（　　）
④ 日照り。（　　）

18 労

音 ロウ

訓 —

部首 力(ちから)

意味 ほねをおる。はたらき。

画数 7

・筆順どおりに書きなさい。

ひだりにはらう（3）　はねる（6）　つきだす（7）

労

——線の漢字の読み方を書きなさい。

① 苦労する。（　　）
② 労働《どう》。（　　）
③ 労力。（　　）
④ 過《か》労。（　　）

書いてみよう

月　日

時間 20分 【はやい15分・おそい25分】
合格 20問
正答 ／24問

13

① □□《せんきょ》で決める。

② 結婚式《けっこんしき》を（　　）《あげる》。

③ 手が（　　）《あがる》。

④ 右手を□□《きょしゅ》する。

14

① 兵《へい》が□《たたか》う。

② □□《せんごく》時代の話。

③ □□《せんご》の日本。

④ □《せん》争《そう》はしない。

15

① 武《ぶ》□□《ゆうでん》。

② （　　）《いさましい》少年。

③ □□《ゆうき》を出す。

④ □《ゆう》かんな人。

16

① 時代が□□《へんか》する。

② 天気が（　　）《かわる》。

③ 美しく□□《へんしん》する。

④ □□□《へんでんしょ》。

17

① 月が（　　）《てる》。

② □□《しょうめい》器具《きぐ》。

③ 地図と□□《しょうごう》する。

④ （　　）《ひでり》がつづく。

18

① 過《か》□《ろう》でたおれる。

② とても□□《くろう》した。

③ □□《ろうりょく》がいる。

④ 一日の□《ろう》働《どう》時間。

9日 輪・失・健・康・刷・機

19 輪

音 リン
訓 わ
部首 車（くるまへん）
意味 車などのわ。回る。花を数える言葉。
画数 15

・筆順どおりに書きなさい。

―線の漢字の読み方を書きなさい。

① 輪投げ。（　　）
② 輪唱《しょう》する。（　　）
③ 車輪。（　　）
④ 顔の輪かく。（　　）

20 失

音 シツ
訓 うしなう
部首 大（だい）
意味 なくす。とりにがす。あやまち。
画数 5

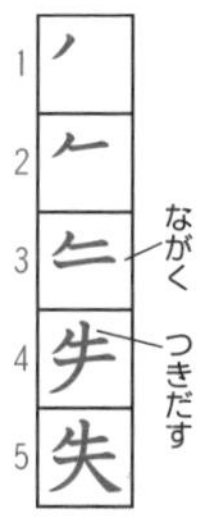

・筆順どおりに書きなさい。

―線の漢字の読み方を書きなさい。

① 失う。（　　）
② 失敗《ぱい》。（　　）
③ 失望。（　　）
④ 失礼。（　　）

21 健

音 ケン
訓 （すこやか）
部首 イ（にんべん）
意味 体がじょうぶである。
画数 11

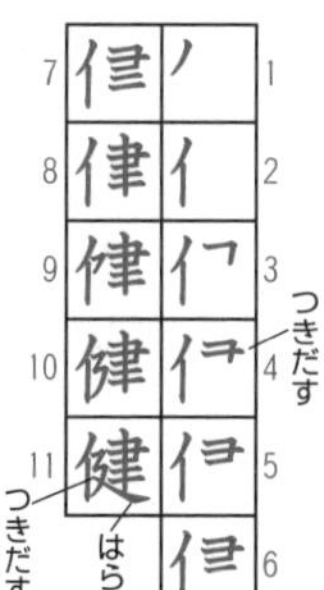

・筆順どおりに書きなさい。

―線の漢字の読み方を書きなさい。

① 健在《ざい》。（　　）
② 保《ほ》健室。（　　）
③ 健全。（　　）
④ 強健。（　　）

22 康

音 コウ
訓 ―
部首 广（まだれ）
意味 やすらか。体がじょうぶである。
画数 11

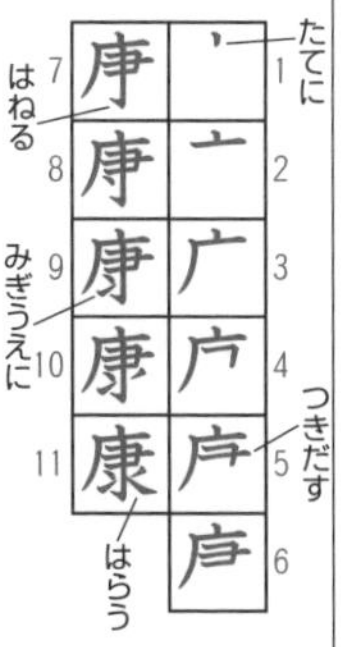

・筆順どおりに書きなさい。

―線の漢字の読み方を書きなさい。

① 健康。（　　）
② 小康状態《じょうたい》。（　　）
③ 健康保険《ほけん》。（　　）

23 刷

音 サツ
訓 する
部首 刂（りっとう）
意味 印さつする。ぬぐいとる。
画数 8

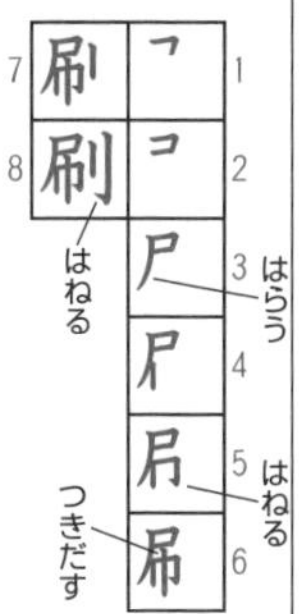

・筆順どおりに書きなさい。

―線の漢字の読み方を書きなさい。

① 印刷。（　　）
② 二色刷り。（　　）
③ 縮《しゅく》刷。（　　）
④ 刷新。（　　）

24 機

音 キ
訓 （はた）
部首 木（きへん）
意味 しかけ。からくり。ちょうどよいとき。
画数 16

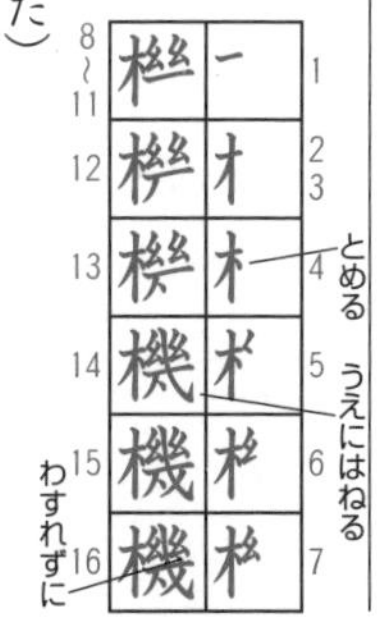

・筆順どおりに書きなさい。

―線の漢字の読み方を書きなさい。

① 機会。（　　）
② 飛《ひ》行機。（　　）
③ 写真機。（　　）
④ 機関車。（　　）

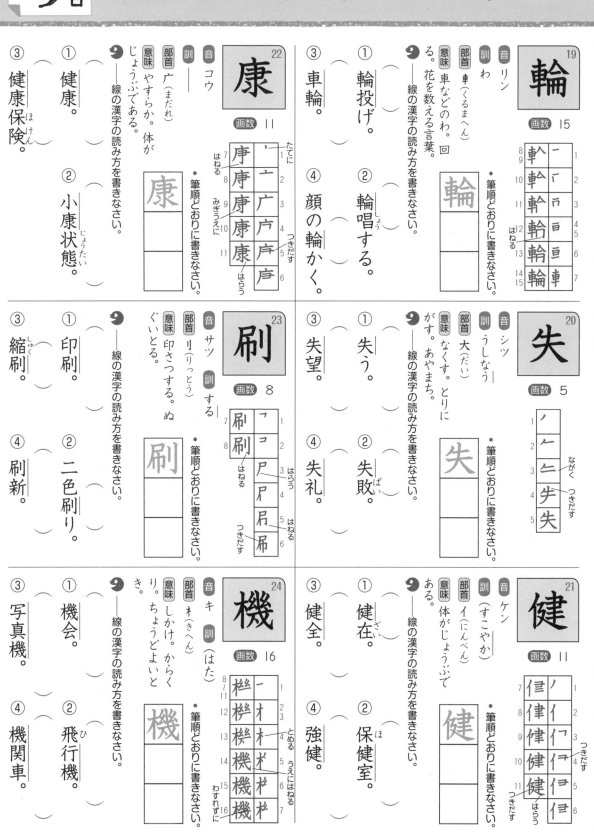

書いてみよう

月　日

時間 20分【はやい15分・おそい25分】

合格 20問

正答　／24問

19

① 月の□□《わぐま》。

② 自転車の□□《しゃりん》。

③ 歌を□《りん》唱《しょう》する。

④ □《わ》になっておどる。

20

① 本を（　）《うしなう》。

② □《しっ》敗《ぱい》と成功。

③ □□《しつぼう》する。

④ □□《しつれい》しました。

21

① 父は□《けん》在《ざい》です。

② 保《ほ》□□《けんしつ》。

③ □□《けんぜん》な考え方。

④ 身体の□□《きょうけん》な人。

22

① □□《けんこう》である。

② 病気が□□《しょうこう》状態《じょうたい》。

③ 心と体の□□《けんこう》。

④ □□《けんこう》保険《ほけん》を利用。

23

① □□《いんさつ》する。

② 縮《しゅく》□《さつ》する。

③ 年賀状《ねんがじょう》を（　）《する》。

④ 二色（　）《ずり》の本。

24

① □□□《しゃしんき》。

② 先生と話す□□《きかい》。

③ 飛行《ひこう》□《き》に乗る。

④ 電気□□□《きかんしゃ》。

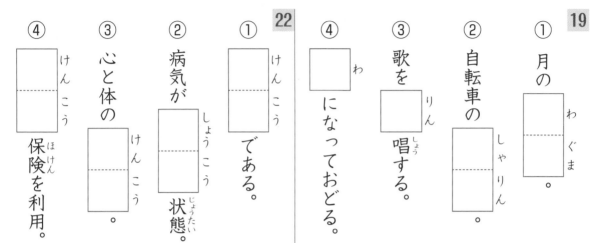

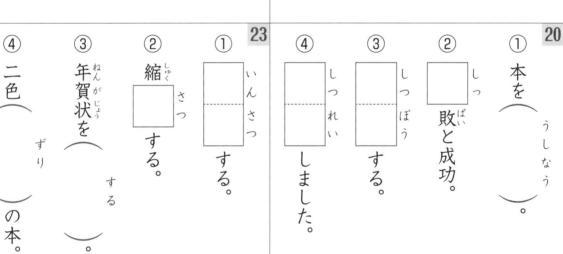

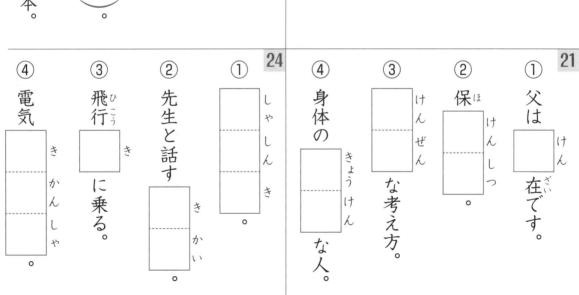

10日　械・固・節・灯・低・唱

械 25

音 カイ

訓 ——

部首 木(きへん)

意味 しかけ。からくり。

画数 11

・筆順どおりに書きなさい。

とめる　とめる　はらう　とめる　はねる　わすれずに

◆——線の漢字の読み方を書きなさい。

① 機械化。（　）

② 器《き》械体そう。（　）

③ 工作機械。（　）

固 26

音 コ

訓 かためる・かたまる・かたい

部首 口(くにがまえ)

意味 かたい。もともと。

画数 8

・筆順どおりに書きなさい。

たてに

◆——線の漢字の読み方を書きなさい。

① 固定。（　）

② 固有の生物。（　）

③ 土を固める。（　）

④ 固い頭。（　）

節 27

音 セツ・(セチ)

訓 ふし

部首 ⺮(たけかんむり)

意味 きせつ。ひかえめにすること。

画数 13

・筆順どおりに書きなさい。

はねる

◆——線の漢字の読み方を書きなさい。

① 節約。（　）

② 節目。（　）

③ 節分。（　）

④ 調節。（　）

灯 28

音 トウ

訓 (ひ)

部首 火(ひへん)

意味 ともしび。あかり。

画数 6

・筆順どおりに書きなさい。

とめる　はねる

◆——線の漢字の読み方を書きなさい。

① 灯台。（　）

② 消灯。（　）

③ 灯ろう。（　）

④ 電灯。（　）

低 29

音 テイ

訓 ひくい・ひくめる・ひくまる

部首 亻(にんべん)

意味 ひくい。おとる。

画数 7

・筆順どおりに書きなさい。

ひだりにはらう　はねる　うえにはねる　わすれずに

◆——線の漢字の読み方を書きなさい。

① 低い音。（　）

② 低下。（　）

③ 低空飛行《ひこう》。（　）

④ 声を低める。（　）

唱 30

音 ショウ

訓 となえる

部首 口(くちへん)

意味 声に出して言う。歌う。

画数 11

・筆順どおりに書きなさい。

うえの「日」よりおおきめに

◆——線の漢字の読み方を書きなさい。

① 合唱。（　）

② 暗唱。（　）

③ 輪唱。（　）

④ 唱える。（　）

月　日

時間 20分【はやい15分・おそい25分】
合格 20問
正答　／24問

書いてみよう

25

① 工作［　　］《きかい》。

② 鉄をけずる［　　］《きかい》。

③ 農業の［　　　］《きかいか》。

④ 器《き》［　　］《かいたい》そうをする。

26

① 土を（　　）《かためる》。

② かべに［　　］《こてい》する。

③ ひもを（　　）《かたく》結ぶ。

④ 液体《えきたい》と［　　］《こたい》。

27

① ［　　］《せつやく》しよう。

② ［　　］《せつぶん》の豆まき。

③ ［　　］《ふしめ》をむかえる。

④ 温度を［　　］《ちょうせつ》する。

28

① ［　　］《しょうとう》時間。

② みさきの［　　］《とうだい》。

③ お宮の石［　］《どう》ろう。

④ ［　　］《でんとう》をつける。

29

① ［　　］《ていくう》飛行《ひこう》。

② 声を（　　）《ひくめる》。

③ 温度が［　　］《ていか》する。

④ （　　）《ひくい》山に登る。

30

① 歌を［　　］《がっしょう》する。

② 九九を［　　］《あんしょう》する。

③ 歌を［　　］《りんしょう》する。

④ お経《きょう》を（　　）《となえる》。

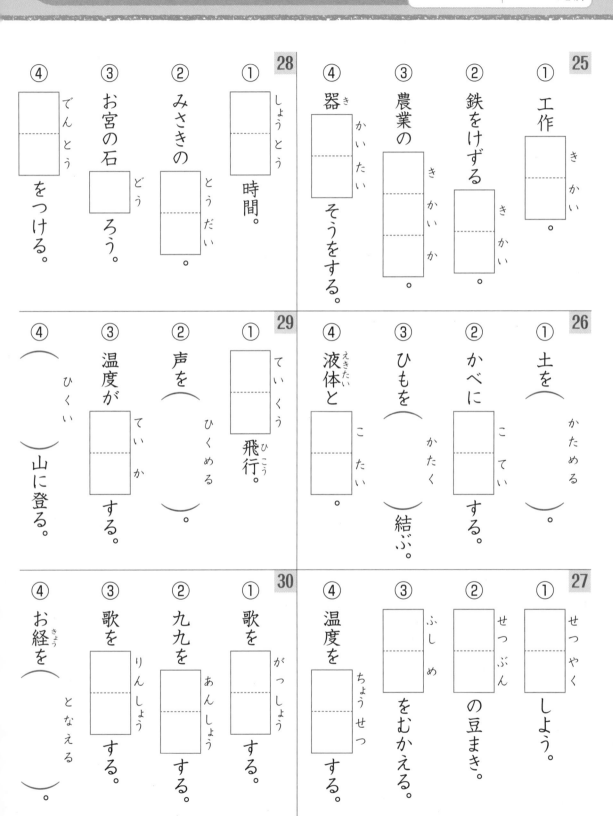

11日 復習テスト(2)

読み

月　日

時間 20分【はやい15分・おそい25分】

合格 80点（一つ4点）

得点　点

1 ――線の漢字の読み方を書きなさい。

① 関節がとても固い。

② 手を挙げる。

③ 節分の豆まき。

④ 暗くなると点灯する。

⑤ 重要な機械。

⑥ ちょうどよい機会。

⑦ プリントを印刷する。

⑧ 選挙を行う。

2 ――線の漢字の読み方を書きなさい。

① 日が屋根を照らす。

② 保《ほ》健室で横になる。

③ 二色刷りの本。

④ 戦場のカメラマン。

⑤ とても苦労した。

⑥ 車輪がはずれる。

⑦ 健康に気をつける。

⑧ 失礼しました。

3 ――線の漢字の読み方を書きなさい。

① 二重唱で歌う。

② 変化がある。

③ 低音で歌う。

④ 信用を失う。

⑤ 照明をあてる。

⑥ 節のある柱。

⑦ 固辞する。

⑧ 大きく変える。

復習テスト(2) 書き

月　日

時間 20分【はやい15分・おそい25分】
合格 80点（一つ4点）
得点　　点

1 次の漢字を書きなさい。

① □□《ゆうき》を出す。

② □□《きかい》の部品。

③ 心が（　　）《かわる》。

④ □□《がっしょう》曲の□□《しょうせつ》。

⑤ □□《けんこう》に気をつける。

⑥ 式を（　　）《あげる》。

⑦ （　　）《かたい》きずな。

⑧ 西日が（　　）《てり》つける。

2 次の漢字を書きなさい。

① たいへん□□《くろう》した。

② □《しっ》敗《ぱい》しないように。

③ 野球場の□□《しょうめい》。

④ 寒い季《き》□《せつ》。

⑤ 月の□□《わぐま》。

⑥ 竹の□《ふし》。

⑦ （　　）《ひくい》声で歌う。

⑧ 兄の本を（　　）《うしなう》。

3 次の漢字を書きなさい。

① （　　）《いさましい》敵《てき》。

② 紙に版画《はんが》を（　　）《する》。

③ □□《しゃりん》をはずす。

④ □□□《いんさつき》を買う。

⑤ 全力で（　　）《たたかう》。

⑥ □□《でんとう》を消しなさい。

⑦ □□《せつやく》して使う。

⑧ □□《へんか》が起こる。

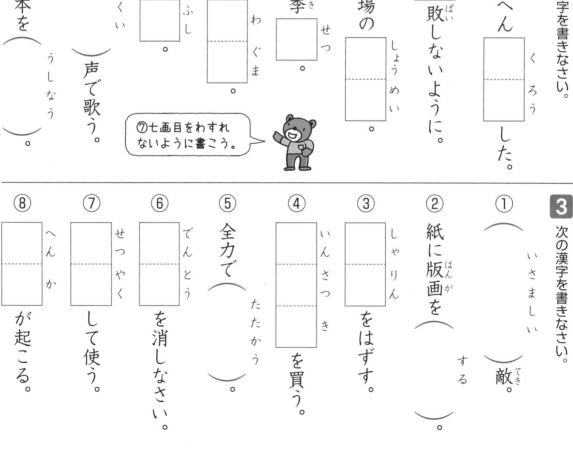

12日 まとめテスト(1) 読み

月　日

時間 20分【はやい15分・おそい25分】
合格 80点（一つ4点）
得点　　点

1 ——線の漢字の読み方を書きなさい。

① 低い声で歌う。
② 初代の校長。
③ 本を印刷する。
④ 機械を動かす。
⑤ 勇気を出して戦う。
⑥ 考えを変える。
⑦ 野菜を食べる。
⑧ 家臣と話す。

2 ——線の漢字の読み方を書きなさい。

① 満開のさくら。
② 白いひげの老人。
③ 実験に成功する。
④ 博士《し》号をとる。
⑤ 固定する。
⑥ 友達に会う。
⑦ 健康に気をつける。
⑧ 車輪がはずれる。

3 ——線の漢字の読み方を書きなさい。

① 老いた馬。
② コップに水を満たす。
③ 式を挙げる。
④ 高いビルが建つ。
⑤ 万《ばん》ざいを唱える。
⑥ 変化がない。
⑦ 勇気のある態度《たいど》。
⑧ 外灯の光。

まとめテスト(1) 書き

月　日

時間 20分【はやい15分・おそい25分】
合格 80点（一つ4点）
得点　点

1 次の漢字を書きなさい。

① （　）《かたい》きずな。
② 目が（　）《さめる》。
③ （　）《あさい》川をわたる。
④ □□《かしん》が（　）《たたかう》。
⑤ □□《ろうじん》をいたわる。
⑥ 実験が□□《せいこう》する。
⑦ □□□《はくぶつかん》に行く。
⑧ □《な》の花がさく。

2 次の漢字を書きなさい。

① たいへん□□《くろう》する。
② □《しっ》敗《ぱい》をふせぐ。
③ □□《まんいん》の電車。
④ □□《がっしょう》発表会。
⑤ □□《やさい》サラダ。
⑥ □《けん》築《ちく》中の家。
⑦ 今年（　）《はじめて》の雪。
⑧ 気力を（　）《うしなう》。

⑦四画目をわすれないように書こう。

3 次の漢字を書きなさい。

① 人生の□□《ふしめ》。
② 簡《かん》□《たん》な言葉。
③ 鳥が（　）《ひくく》とぶ。
④ □□《こてい》的な考え。
⑤ □□《けんこう》に注意する。
⑥ □□□《いんさつき》を使う。
⑦ □□《でんとう》をつける。
⑧ □□《わな》げをする。

13日　隊・英・仲・卒・側・最

隊 31

音 タイ
訓 ―
部首 阝（こざとへん）
意味 ならんだ人の集まり。
画数 12

・筆順どおりに書きなさい。
（まるくして、はねる）

―線の漢字の読み方を書きなさい。
① 隊長。（　）
② 隊を組む。（　）
③ 隊列。（　）
④ 音楽隊。（　）

英 32

音 エイ
訓 ―
部首 艹（くさかんむり）
意味 すぐれている。イギリス。
画数 8

・筆順どおりに書きなさい。
（ながく／つきだしてはらう／はらう）

―線の漢字の読み方を書きなさい。
① 英語。（　）
② 英ゆう。（　）
③ 英国。（　）
④ 英才教育。（　）

仲 33

音 （チュウ）
訓 なか
部首 亻（にんべん）
意味 なか。人と人との間。
画数 6

・筆順どおりに書きなさい。
（とめる）

―線の漢字の読み方を書きなさい。
① 仲間。（　）
② 仲直りする。（　）
③ 仲良し。（　）
④ 仲買人。（　）

卒 34

音 ソツ
訓 ―
部首 十（じゅう）
意味 終わること。とつぜん。
画数 8

・筆順どおりに書きなさい。
（たてに／とめる／ながく／つきだす）

―線の漢字の読み方を書きなさい。
① 卒業式。（　）
② 卒業。（　）
③ 卒園式。（　）
④ 新卒。（　）

側 35

音 ソク
訓 がわ
部首 亻（にんべん）
意味 ものの一方の面。かたわら。そば。
画数 11

・筆順どおりに書きなさい。
（とめる／はねる）

―線の漢字の読み方を書きなさい。
① 向こう側。（　）
② 側近。（　）
③ 側面。（　）
④ 右側通行。（　）

最 36

音 サイ
訓 もっとも
部首 日（ひらび・いわく）
意味 いちばんの。第一の。
画数 12

・筆順どおりに書きなさい。
（ながく／みぎうえに／とめる）

―線の漢字の読み方を書きなさい。
① 最も速い。（　）
② 最初。（　）
③ 最善《ぜん》。（　）
④ 最後。（　）

書いてみよう

月　日

時間 20分
【はやい15分・おそい25分】
合格 20問
正答
／24問

31

① 消防《しょうぼう》□□《たいいん》。

② □《たい》を組んで歩く。

③ □□《たいれつ》を整える。

④ □□□《おんがくたい》。

32

① □□《えいご》の学習。

② □□《えいこく》に行く。

③ □□《えいさい》教育を受ける。

④ 町の□《えい》ゆうだ。

33

① □□《なかま》を作る。

② （　　）《なかよく》遊ぶ。

③ （　　）《なかなおり》する。

④ 魚の□□□《なかがいにん》。

34

① 大学を□□《そつぎょう》する。

② 弟の□□□《そつえんしき》。

③ □《そっ》倒《とう》してしまう。

④ □□《しんそつ》の社会人。

35

① □□《ひだりがわ》通行。

② □□《みぎがわ》を歩く。

③ 向こう□《がわ》にわたる。

④ □□《そくめん》からせめる。

36

① □《さい》善《ぜん》をつくす。

② □□《さいしょ》に起きる。

③ （　　）《もっとも》よい方法。

④ □□《さいご》に出る。

郵便はがき

550-0013

お手数ですが
切手をおはり
ください。

大阪市西区新町3-3-6
受験研究社
愛読者係 行

● ご住所 □□□-□□□□

TEL(

● お名前

※任意
(男・女

● 在学校 □保育園・幼稚園 □中学校 □専門学校・大学
□小学校 □高等学校 □その他 ( )

学年
(歳

● お買い上げ書店名(所在地)

書店(

市 区
町 村

★すてきな賞品をプレゼント!
お送りいただきました愛読者カードは、毎年12月末にしめきり,抽選のうえ100名様にすてきな賞品をお贈りいたします。

★LINEでダブルチャンス!
公式LINEを友達追加頂きアンケートにご回答頂くと,上記プレゼントに加え,夏と冬の特別抽選会で記念品をプレゼントいたします!

※当選者の発表は賞品の発送をもってかえさせていただきます。 https://lin.ee/cWvAh

株式会社 増進堂
受験研究社
愛読者カード

本書をお買い上げいただきましてありがとうございます。あなたのご意見・ご希望を参考に，今後もより良い本を出版していきたいと思います。ご協力をお願いします。

1. この本の書名（本のなまえ）　　お買い上げ

年　月

2. どうしてこの本をお買いになりましたか。
□書店で見て　□先生のすすめ　□友人・先輩のすすめ　□家族のすすめで
□塾のすすめ　□WEB・SNSを見て　□その他（　）

3. 当社の本ははじめてですか。
□はじめて　□2冊目　□3冊目以上

4. この本の良い点，改めてほしい点など，ご意見・ご希望をお書きください。

5. 今後どのような参考書・問題集の発行をご希望されますか。あなたのアイデアをお書きください。

6. 塾や予備校，通信教育を利用されていますか。
塾・予備校名［　］
通信教育名　［　］

画の参考，新刊等のご案内に利用させていただきます。　2024.2

月　日

14日　争・給・飛・飯・包・帯

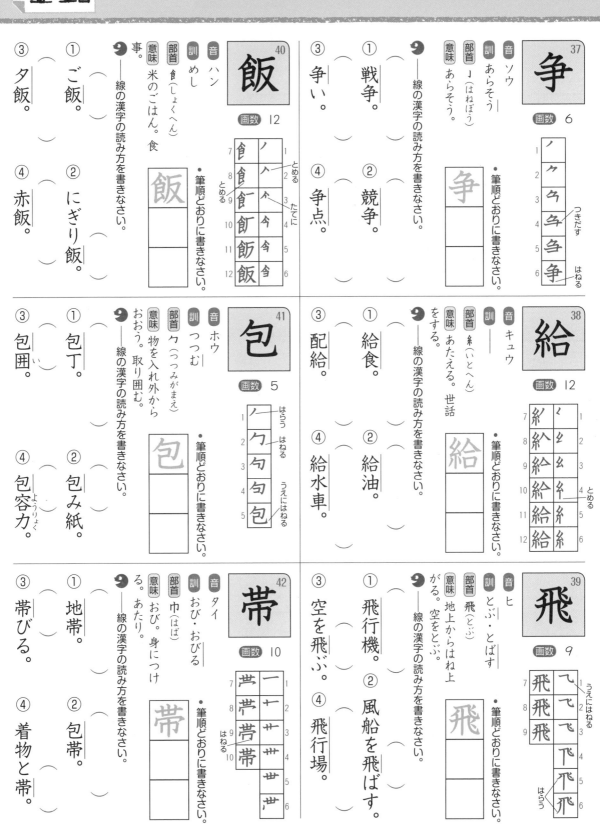

37 争

音 ソウ
訓 あらそう
部首 亅（はねぼう）
意味 あらそう。
画数 6

・筆順どおりに書きなさい。（つきだす・はねる）

・――線の漢字の読み方を書きなさい。

① 戦争。（　　）
② 競争。（　　）
③ 争い。（　　）
④ 争点。（　　）

38 給

音 キュウ
訓 ―
部首 糸（いとへん）
意味 あたえる。世話をする。
画数 12

・筆順どおりに書きなさい。（とめる）

・――線の漢字の読み方を書きなさい。

① 給食。（　　）
② 給油。（　　）
③ 配給。（　　）
④ 給水車。（　　）

39 飛

音 ヒ
訓 とぶ・とばす
部首 飛（とぶ）
意味 地上からはね上がる。空をとぶ。
画数 9

・筆順どおりに書きなさい。（うえにはねる・はらう）

・――線の漢字の読み方を書きなさい。

① 飛行機。（　　）
② 風船を飛ばす。（　　）
③ 空を飛ぶ。（　　）
④ 飛行場。（　　）

40 飯

音 ハン
訓 めし
部首 𩙿（しょくへん）
意味 米のごはん。食事。
画数 12

・筆順どおりに書きなさい。（とめる・たてに・とめる）

・――線の漢字の読み方を書きなさい。

① ご飯。（　　）
② にぎり飯。（　　）
③ 夕飯。（　　）
④ 赤飯。（　　）

41 包

音 ホウ
訓 つつむ
部首 勹（つつみがまえ）
意味 物を入れ外からおおう。取り囲む。
画数 5

・筆順どおりに書きなさい。（はらう・はねる・うえにはねる）

・――線の漢字の読み方を書きなさい。

① 包丁。（　　）
② 包み紙。（　　）
③ 包囲《い》。（　　）
④ 包容力《ようりょく》。（　　）

42 帯

音 タイ
訓 おび・おびる
部首 巾（はば）
意味 おび。身につける。あたり。
画数 10

・筆順どおりに書きなさい。（はねる）

・――線の漢字の読み方を書きなさい。

① 地帯。（　　）
② 包帯。（　　）
③ 帯びる。（　　）
④ 着物と帯。（　　）

書いてみよう

月　日

時間 20分 【はやい15分・おそい25分】

合格 20問

正答　　/24問

37

① （　　）《あらそい》をやめる。

② 兄弟が言い（　　）《あらそう》。

③ □□《せんそう》と平和。

④ □□《きょうそう》が高まる。

38

① □□《はいきゅう》する。

② □□《げっきゅう》をもらう。

③ □□□《きゅうすいしゃ》が来る。

④ □□《きゅうしょく》の時間。

39

① □□□《ひこうき》。

② ほこりが風で（　　）《とぶ》。

③ 家を（　　）《とび》出す。

④ □□□《ひこうじょう》の見学。

40

① ご□《はん》をたく。

② にぎり□《めし》を作る。

③ □□《ゆうはん》の時間。

④ □□《せきはん》をたく。

41

① 紙で（　　）《つつむ》。

② ふろしき（　　）《づつみ》。

③ 犯人《はんにん》を□《ほう》囲《い》する。

④ □□《ほうちょう》で肉を切る。

42

① □□《ほうたい》をまく。

② 工業□□《ちたい》。

③ 電気を（　　）《おびる》。

④ 着物の□《おび》。

月　日

15日 軍・兵・料・訓・季・観

43 軍

画数 9

音 グン
訓 ―
部首 車（くるま）
意味 戦い。いくさ。ぐんぜい。

・筆順どおりに書きなさい。

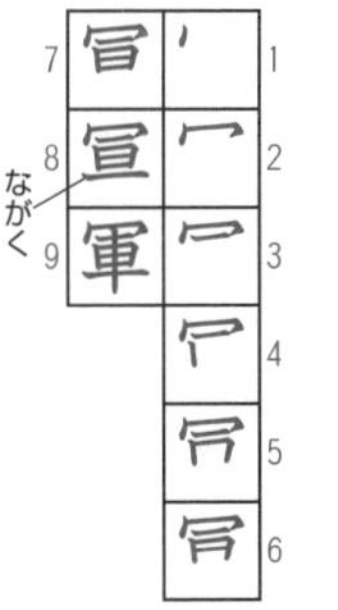

線の漢字の読み方を書きなさい。

① 軍隊。（　　）
② 軍事力。（　　）
③ 軍歌。（　　）
④ 軍楽隊。（　　）

44 兵

画数 7

音 ヘイ・ヒョウ
訓 ―
部首 八（は）
意味 軍人。へいたい。いくさ。

・筆順どおりに書きなさい。

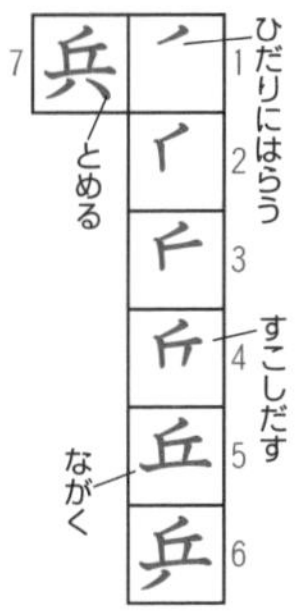

線の漢字の読み方を書きなさい。

① 兵隊。（　　）
② 水兵。（　　）
③ 兵力。（　　）
④ 兵庫県。（　　）

45 料

画数 10

音 リョウ
訓 ―
部首 斗（とます）
意味 ざいりょう。代金。

・筆順どおりに書きなさい。

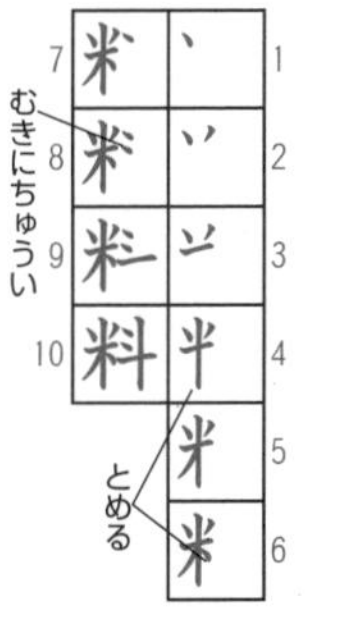

線の漢字の読み方を書きなさい。

① 料理。（　　）
② 料金。（　　）
③ 資《し》料。（　　）
④ 入場料。（　　）

46 訓

画数 10

音 クン
訓 ―
部首 言（ごんべん）
意味 教えみちびく。漢字を日本語の意味で読む。

・筆順どおりに書きなさい。

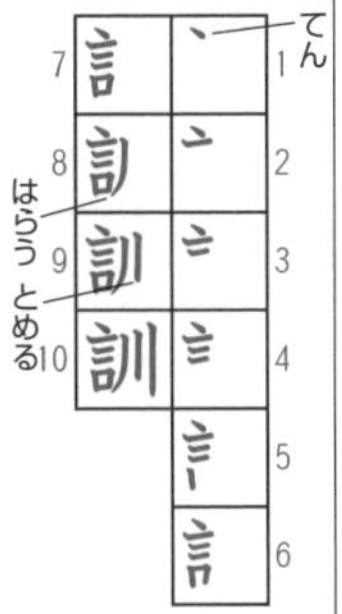

線の漢字の読み方を書きなさい。

① 訓読み。（　　）
② 訓練。（　　）
③ 訓示《じ》。（　　）
④ 音訓。（　　）

47 季

画数 8

音 キ
訓 ―
部首 子（こ）
意味 一年を四つに分けたその一つ一つ。

・筆順どおりに書きなさい。

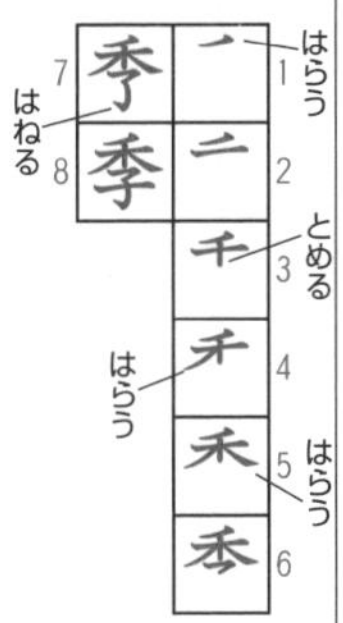

線の漢字の読み方を書きなさい。

① 季節。（　　）
② 四季。（　　）
③ 雨季。（　　）
④ 季節風。（　　）

48 観

画数 18

音 カン
訓 ―
部首 見（みる）
意味 みる。ようす。ありさま。ものの見方。考え方。

・筆順どおりに書きなさい。

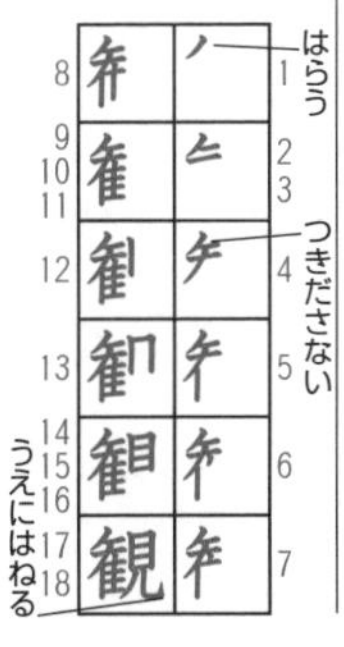

線の漢字の読み方を書きなさい。

① 観葉植物。（　　）
② 観光客。（　　）
③ 観客。（　　）
④ 授業《じゅぎょう》参観。（　　）

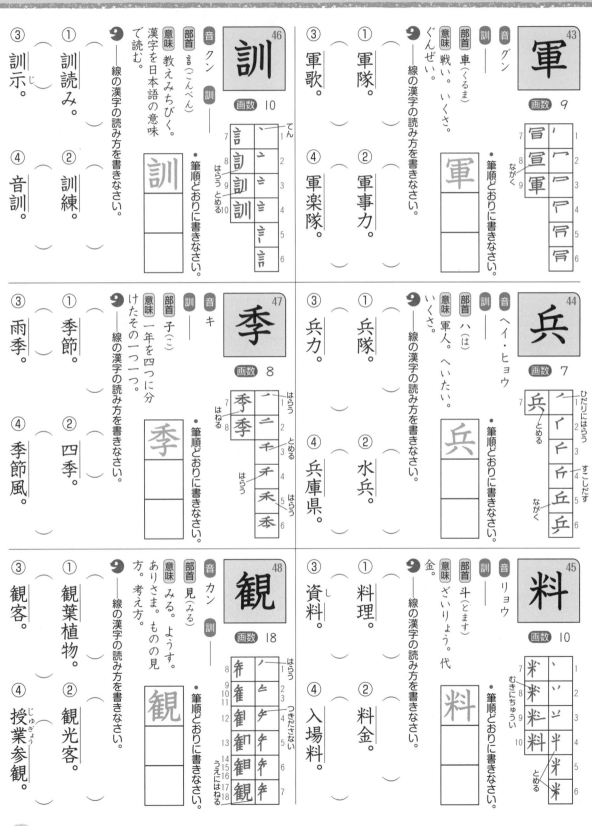

月　日

書いてみよう

時間 20分【はやい15分・おそい25分】
合格 20問
正答 /24問

43

① □□□《ぐんがくたい》。

② 昔の□□《ぐんか》。

③ 外国の□□《ぐんたい》。

④ 行司の□□《ぐんばい》。

44

① 外国の□□《へいたい》。

② かもめの□□《すいへい》さん。

③ □□《ひょうご》県の友人。

④ □《へい》士《し》が集まる。

45

① □□《りょうり》を作る。

② 資《し》□《りょう》を集める。

③ □□《りょうきん》をはらう。

④ □□□《にゅうじょうりょう》。

46

① 長官の□《くん》示《じ》。

② □□《くんれん》がきびしい。

③ 漢字の（　　）《くんよみ》。

④ 漢字の□□《おんくん》表。

47

① □□《しき》の花を楽しむ。

② □□《きせつ》が変わる。

③ □□《うき》が近づく。

④ □□□《きせつふう》がふく。

48

① □□《かんよう》植物。

② □□□《かんこうち》に行く。

③ 野球の□□《かんきゃく》。

④ 授業《じゅぎょう》□□《さんかん》。

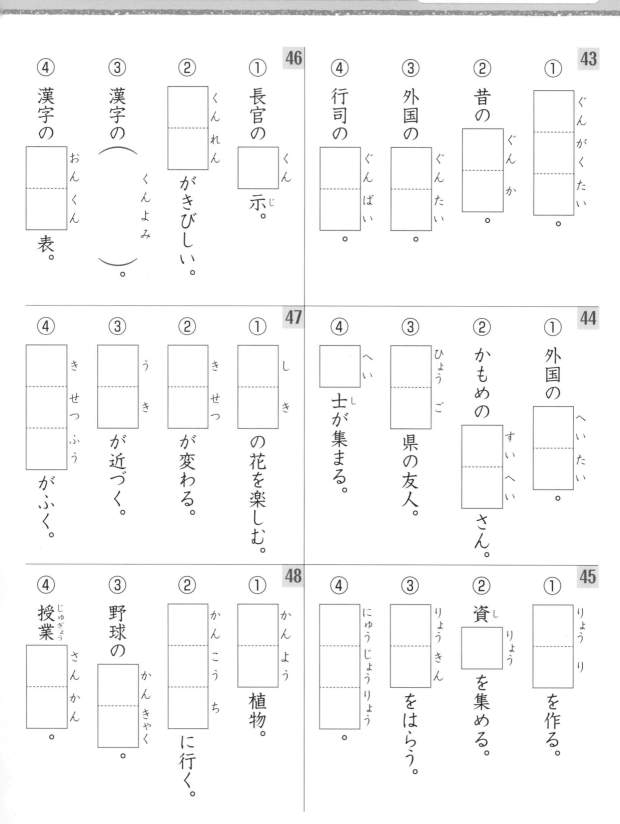

16日 復習テスト(3) 読み

月　日

時間 20分【はやい15分・おそい25分】
合格 80点（一つ4点）
得点　点

1 ――線の漢字の読み方を書きなさい。

① ふろしきに包む。
② 敵《てき》の兵力。
③ 食料を買う。
④ 教訓にする。
⑤ 外国の軍人。
⑥ 包帯をまく。
⑦ 英語で話す。
⑧ 帯を結ぶ。

⑧「帯」は二通りの訓読みがあるよ。

2 ――線の漢字の読み方を書きなさい。

① ご飯を食べる。
② 兄弟が争う。
③ 右側を見る。
④ 仲のよい兄弟。
⑤ 見学料がいる。
⑥ 小学校を卒業する。
⑦ 夏季の保養施設《ほようしせつ》。
⑧ 兵庫県に住む。

3 ――線の漢字の読み方を書きなさい。

① 最もよい方法。
② にぎり飯を作る。
③ 友人と競争する。
④ 最初からやりなおす。
⑤ 側面をみがく。
⑥ お父さんの給料。
⑦ 飛行機で空を飛ぶ。
⑧ 観光客でにぎわう。

復習テスト(3)　書き

時間 20分（はやい15分・おそい25分）　合格 80点（一つ4点）　得点　点

1 次の漢字を書きなさい。

① □□《さいしょ》に出会う。

② 今月の□□《きゅうりょう》。

③ 工業□□《ちたい》。

④ ご□《はん》を食べる。

⑤ （　）《もっとも》速く走る。

⑥ （　）《あらそい》はやめる。

⑦ □□《ひだりがわ》を向く。

⑧ □□□《ひこうき》に乗る。

2 次の漢字を書きなさい。

① □□《なかま》をふやす。

② 木の葉が（　）《とぶ》。

③ 木の葉で（　）《つつむ》。

④ 小学校の□□□《そつぎょうしき》。

⑤ □□《そくめん》からささえる。

⑥ □□《きせつ》のくだもの。

⑦ にぎり□《めし》を食べる。

⑧ □□《せんそう》はしない。

3 次の漢字を書きなさい。

① □□《ほうたい》をまく。

② □□《かんよう》植物を育てる。

③ □□《ぐんばい》を上げる。

④ □□《えいご》を学ぶ。

⑤ 犯人《はんにん》を□《ほう》囲《い》する。

⑥ □□《かいぐん》の□□《へいたい》。

⑦ □□《りょうり》のとくいな母。

⑧ 漢字の□□《おんくん》表。

17日　察・各・借・連・働・牧

察　49
画数 14

音 サツ
訓 ―
部首 宀（うかんむり）
意味 おしはかり考える。調べる。

・筆順どおりに書きなさい。

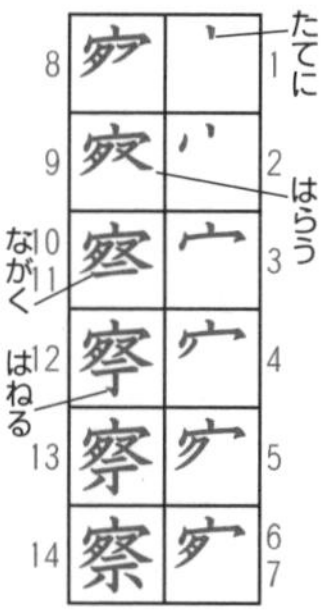

―線の漢字の読み方を書きなさい。

① 観察。（　）
② しん察室。（　）
③ 察する。（　）
④ けい察。（　）

各　50
画数 6

音 カク
訓 （おのおの）
部首 口（くち）
意味 それぞれ。

・筆順どおりに書きなさい。

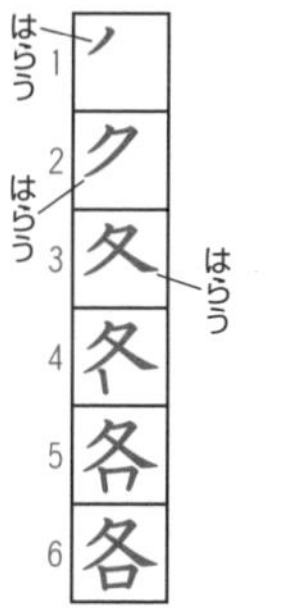

―線の漢字の読み方を書きなさい。

① 各地。（　）
② 世界各国。（　）
③ 各自。（　）
④ 各種。（　）

借　51
画数 10

音 シャク
訓 かりる
部首 亻（にんべん）
意味 物やお金を使わせてもらう。

・筆順どおりに書きなさい。

―線の漢字の読み方を書きなさい。

① 本を借りる。（　）
② 借金。（　）
③ はい借。（　）
④ 借家。（　）

連　52
画数 10

音 レン
訓 つらなる・つらねる・つれる
部首 辶（しんにょう・しんにゅう）
意味 ならびつづく。つながる。

・筆順どおりに書きなさい。

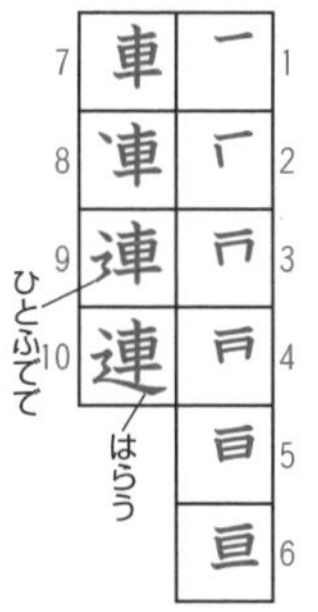

―線の漢字の読み方を書きなさい。

① 連れて行く。（　）
② 連休。（　）
③ 山が連なる。（　）
④ 連日。（　）

働　53
画数 13

音 ドウ
訓 はたらく
部首 亻（にんべん）
意味 仕事をする。活動する。ききめが出る。

・筆順どおりに書きなさい。

―線の漢字の読み方を書きなさい。

① 働く。（　）
② 労働。（　）
③ 働き者。（　）
④ 重労働。（　）

牧　54
画数 8

音 ボク
訓 （まき）
部首 牜（うしへん）
意味 牛や馬をかう。

・筆順どおりに書きなさい。

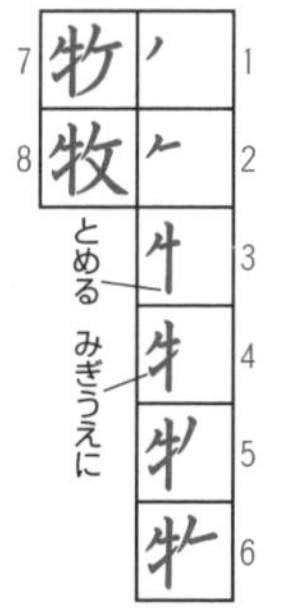

―線の漢字の読み方を書きなさい。

① 牧場。（　）
② 牧草。（　）
③ 牧師。（　）
④ 放牧。（　）

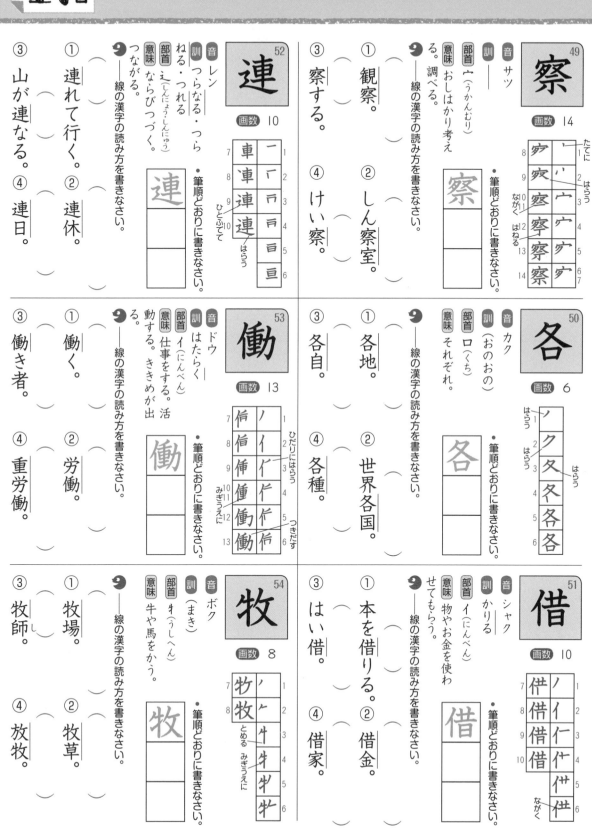

書いてみよう

月　日

時間 20分【はやい15分・おそい25分】
合格 20問
正答 ／24問

49

① □□《かんさつ》日記。

② 気持ちを□《さっ》する。

③ 病院のしん□□《さつしつ》。

④ けい□《さつ》にとどける。

50

① 世界□□《かっこく》。

② □□《かくち》の公園。

③ □□《かくじ》注意する。

④ □□《かくしゅ》の品物。

51

① 本を（　　）《かりる》。

② □□《しゃっきん》を返す。

③ かさをはい□《しゃく》する。

④ 力を（　　）《かりる》。

52

① 山が（　　）《つらなる》。

② 妹を（　　）《つれて》行く。

③ □□《れんきゅう》に出かける。

④ □□《れんじつ》雨がふる。

53

① □□□《ろうどうしゃ》。

② 会社で（　　）《はたらく》。

③ 父は（　　）《はたらき》者だ。

④ □□□《じゅうろうどう》をする。

54

① 高原の□□《ぼくじょう》。

② □《ぼく》師《し》さんの話。

③ □□《ぼくそう》を食べる牛。

④ 馬を□□《ほうぼく》する。

18日　極・治・笑・例・器・芸

55 極

画数 12

音 キョク・（ゴク）

訓 （きわめる）・（きわまる）・（きわみ）

部首 木（きへん）

意味 はなはだしい。

・筆順どおりに書きなさい。

（筆順 1〜12：とめる　ひとふでで　とめる　はねる）

極

❾ ――線の漢字の読み方を書きなさい。

① 南極。（　　）

② 極力。（　　）

③ 北極。（　　）

④ 極地。（　　）

56 治

画数 8

音 ジ・チ

訓 おさめる・おさまる・なおる・なおす

部首 氵（さんずい）

意味 おさめる。病気をなおすこと。

・筆順どおりに書きなさい。

（筆順 1〜8：みぎうえに　とめる）

治

❾ ――線の漢字の読み方を書きなさい。

① 政《せい》治。（　　）

② 波が治まる。（　　）

③ 治りょう。（　　）

④ かぜが治る。（　　）

57 笑

画数 10

音 （ショウ）

訓 わらう・（えむ）

部首 ⺮（たけかんむり）

意味 わらう。わらい。

・筆順どおりに書きなさい。

（筆順 1〜10：ひだりにはらう　はらう）

笑

❾ ――線の漢字の読み方を書きなさい。

① 鼻で笑う。（　　）

② 大笑い。（　　）

③ 苦笑い。（　　）

④ 笑い話。（　　）

58 例

画数 8

音 レイ

訓 たとえる

部首 亻（にんべん）

意味 それににたことがら。たとえ。いつも。

・筆順どおりに書きなさい。

（筆順 1〜8：みじかく　はねる）

例

❾ ――線の漢字の読み方を書きなさい。

① 例を挙げる。（　　）

② 例文。（　　）

③ 例える。（　　）

④ 例外。（　　）

59 器

画数 15

音 キ

訓 （うつわ）

部首 口（くち）

意味 入れ物。人がら。人物。道具。才のう。

・筆順どおりに書きなさい。

（筆順 1〜15：はらう　つきだす　はらう）

器

❾ ――線の漢字の読み方を書きなさい。

① 受話器。（　　）

② 器用だ。（　　）

③ 土器。（　　）

④ 食器。（　　）

60 芸

画数 7

音 ゲイ

訓 ―

部首 艹（くさかんむり）

意味 訓練によって達するわざ。しばいのえんぎ。

・筆順どおりに書きなさい。

（筆順 1〜7：ながく）

芸

❾ ――線の漢字の読み方を書きなさい。

① 学芸会。（　　）

② 芸術《じゅつ》。（　　）

③ 曲芸。（　　）

④ 手芸。（　　）

月　日

時間 20分【はやい15分・おそい25分】
合格 20問
正答 　/24問

書いてみよう

55

① □□《なんきょく》大陸。

② □□《きょくち》探検《たんけん》。

③ □□《ほっきょく》海の氷。

④ □□《きょくりょく》家にいる。

56

① 正しい政《せい》□《じ》。

② あらしが（　　）《おさまる》。

③ 病気が（　　）《なおる》。

④ 虫歯の□《ち》りょう。

57

① （　　）《わらい》話。

② （　　）《おおわらい》をする。

③ （　　）《わらい》顔をする。

④ 母はよく（　　）《わらう》。

58

① □《れい》を挙げる。

② 動物に（　　）《たとえる》。

③ □□《れいぶん》を考える。

④ □□《れいがい》を許《ゆる》す。

59

① □□《きがく》合そう。

② 大昔の□□《どき》。

③ 武《ぶ》□《き》をすてる。

④ □□《しょっき》をあらう。

60

① □□□《がくげいかい》。

② 動物の□□《きょくげい》。

③ すぐれた□《げい》術《じゅつ》。

④ 毛糸の□□《しゅげい》。

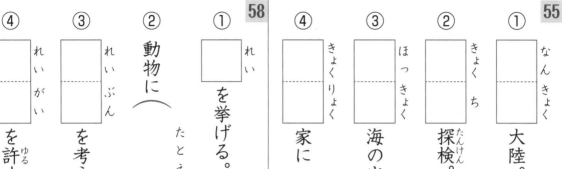

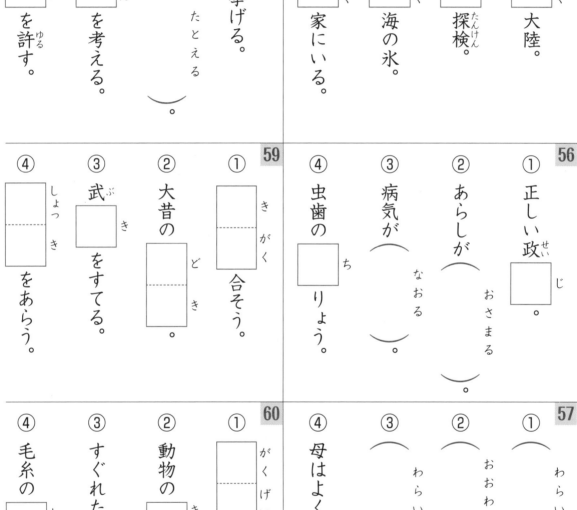

19日 鏡・貨・清・芽・底・付

鏡 61

音 キョウ
訓 かがみ
部首 金（かねへん）
意味 かがみ。手本。もはん。
画数 19

・筆順どおりに書きなさい。

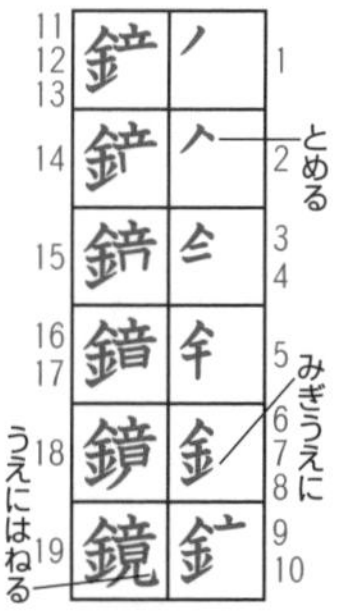

●――線の漢字の読み方を書きなさい。

① けんび鏡。（　　）
② 手鏡。（　　）
③ 鏡もち。（　　）
④ 三面鏡。（　　）

貨 62

音 カ
訓 ――
部首 貝（かい・こがい）
意味 品物。お金。
画数 11

・筆順どおりに書きなさい。

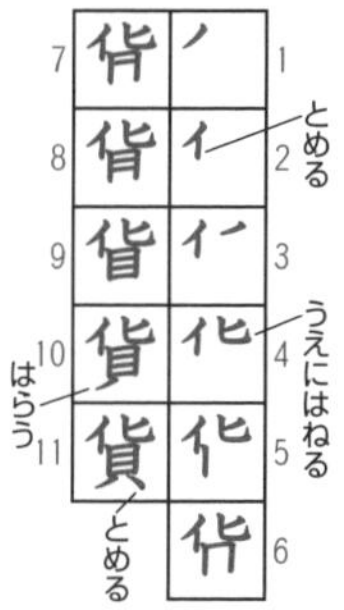

●――線の漢字の読み方を書きなさい。

① 貨物列車。（　　）
② 金貨。（　　）
③ 貨車。（　　）
④ 百貨店。（　　）

清 63

音 セイ・（ショウ）
訓 きよい・きよまる・きよめる
部首 氵（さんずい）
意味 けがれがない。
画数 11

・筆順どおりに書きなさい。

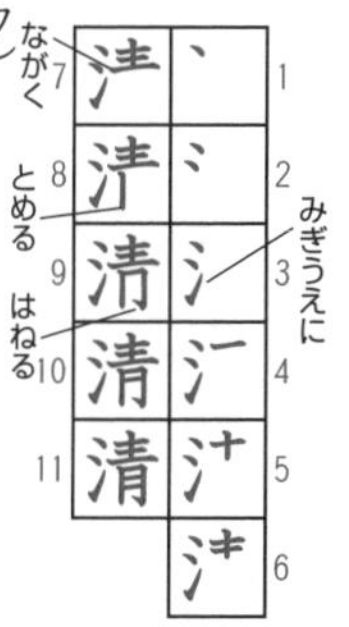

●――線の漢字の読み方を書きなさい。

① 心が清まる。（　　）
② 清算する。（　　）

「清水《しみず》」は特別な読み方です。

芽 64

音 ガ
訓 め
部首 艹（くさかんむり）
意味 草や木のめ。ものごとのおこり。
画数 8

・筆順どおりに書きなさい。

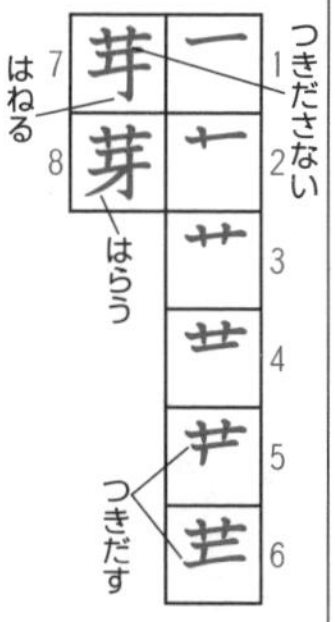

●――線の漢字の読み方を書きなさい。

① 芽が出る。（　　）
② 発芽。（　　）
③ 新芽。（　　）
④ 芽生える。（　　）

底 65

音 テイ
訓 そこ
部首 广（まだれ）
意味 くぼんだ物のいちばん低い所。そこ。
画数 8

・筆順どおりに書きなさい。

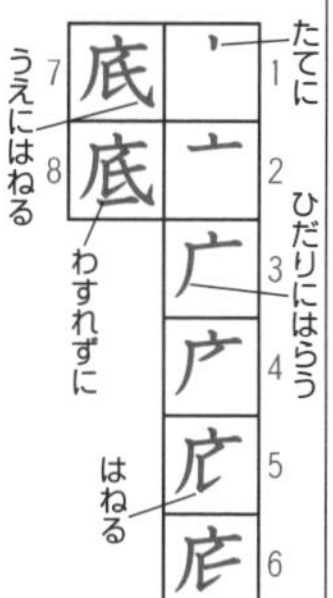

●――線の漢字の読み方を書きなさい。

① 底辺。（　　）
② 川の底。（　　）
③ 地底。（　　）
④ 海底。（　　）

付 66

音 フ
訓 つく・つける
部首 亻（にんべん）
意味 くっつく。つきそう。味方する。
画数 5

・筆順どおりに書きなさい。

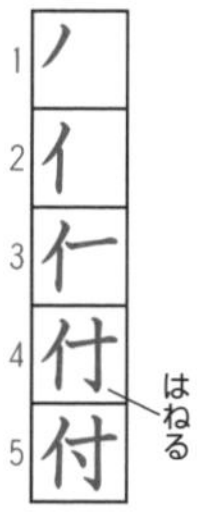

●――線の漢字の読み方を書きなさい。

① 付く。（　　）
② 付録。（　　）
③ 受付。（　　）
④ 付近。（　　）

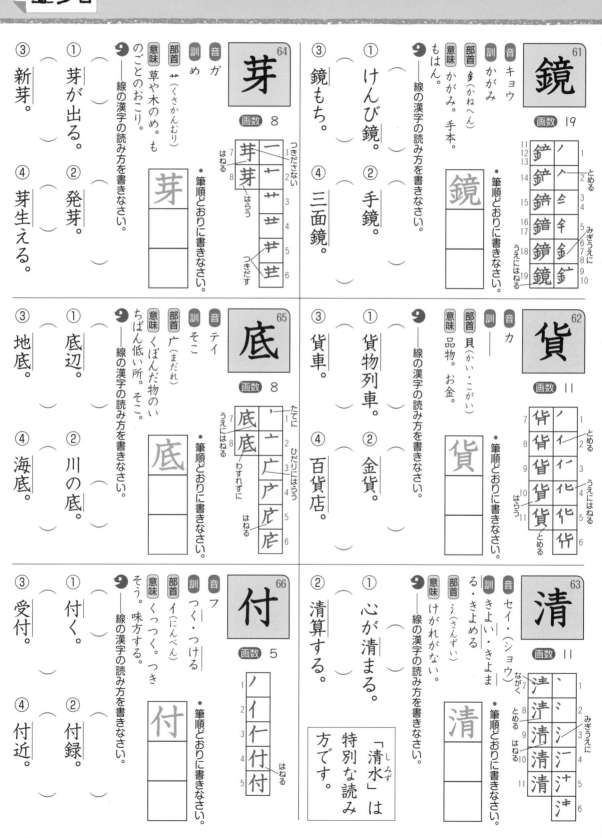

月　日

時間 20分【はやい15分・おそい25分】
合格 20問
正答　/24問

書いてみよう

61

① けんび□《きょう》。

② □《かがみ》もちをかざる。

③ 双眼《そうがん》□《きょう》。

④ 望遠□《きょう》。

62

① □□《かもつ》列車。

② □□《きんか》三枚《さんまい》とかえる。

③ □□《かしゃ》に積《つ》みこむ。

④ □□□《ひゃっかてん》。

63

① □《せい》潔《けっ》な服。

② （　　）《きよい》川の流れ。

③ 塩をまいて（　　）《きよめる》。

④ 習字の□□《せいしょ》。

64

① 早く□《め》が出る。

② □□《しんめ》をつみとる。

③ あさがおの□□《はつが》。

④ 友情《ゆうじょう》が（　　）《めばえる》。

65

① 暗い□□《ふなぞこ》。

② 三角形の□□《ていへん》。

③ バケツの□《そこ》。

④ □□《かいてい》深くもぐる。

66

① 気が（　　）《つく》。

② □□《うけつけ》の係。

③ ざっしの□□《ふろく》。

④ □□《ふきん》一帯を調べる。

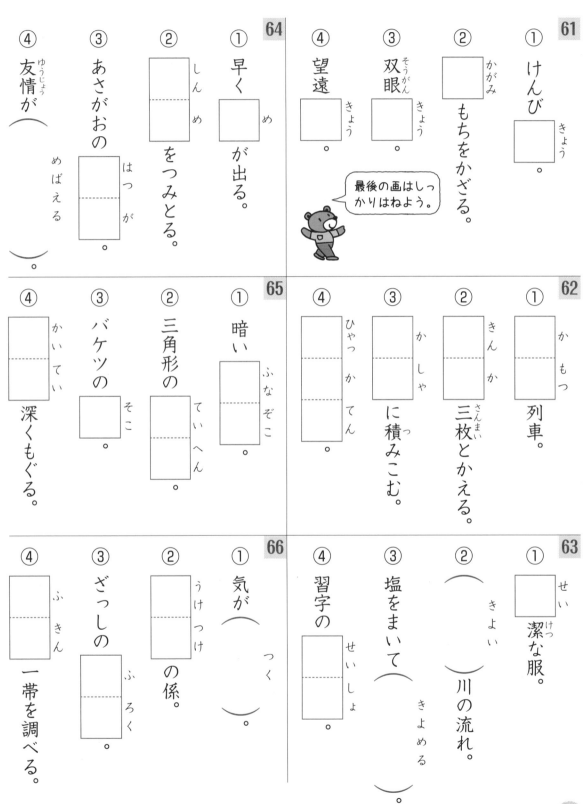

復習テスト(4)

読み

月　日

時間 20分【はやい15分・おそい25分】

合格 80点（一つ4点）

得点　点

1 ――線の漢字の読み方を書きなさい。

① 笑い話をする。（　）

② 各地の遊園地。（　）（　）

③ 借金を返す。（　）

④ 美しい清流。（　）

⑤ 観察日記をつける。（　）

⑥ 食器をあらう。（　）

⑦ 国を治める。（　）

⑧ 気を付ける。（　）

2 ――線の漢字の読み方を書きなさい。

① 南極大陸。（　）

② 牧場の牛や馬。（　）

③ あせを流して働く。（　）

④ 母の鏡台を使う。（　）

⑤ 連日、本を借りる。（　）（　）

⑥ 連なった山々。（　）

⑦ 麦芽を使う。（　）

⑧ ざっしの付録。（　）

3 ――線の漢字の読み方を書きなさい。

① 立方体の底面。（　）

② 犬やねこに例える。（　）

③ 象《ぞう》の曲芸。（　）

④ 日本の通貨。（　）

⑤ アルバイトの労働者。（　）

⑥ 政《せい》治家に会う。（　）

⑦ 底力を出す。（　）

⑧ 例文を考える。（　）

復習テスト(4) 書き

月　日

時間 20分 【はやい15分・おそい25分】
合格 80点 (一つ4点)
得点 点

1 次の漢字を書きなさい。

① 一日中（　　）《はたらく》。
② いたみが（　　）《おさまる》。
③ □□《しゅげい》を習う。
④ 思い出し（　　）《わらい》。
⑤ 悲しみの□《きょく》に達する。
⑥ 馬を□□《ほうぼく》する。
⑦ 海の□《そこ》にもぐる。
⑧ □□《てかがみ》を使う。

2 次の漢字を書きなさい。

① 妹も（　　）《つれ》て行く。
② よく□□《かんさつ》する。
③ 草の□《め》が出る。
④ 日本□□《かくち》を歩く。
⑤ □□《れんたい》責任《せきにん》をとる。
⑥ 動物に（　　）《たとえる》。
⑦ □《きょく》端《たん》な□《れい》を挙げる。
⑧ あらい（　　）《きよめる》。

3 次の漢字を書きなさい。

① 日本は□□《ちあん》がいい。
② □□《しゃっきん》を返す。
③ やがて気が（　　）《つく》。
④ 気持ちを□《さっ》する。
⑤ 武《ぶ》□《き》をすてる。
⑥ 病気を□《ち》りょうする。
⑦ □□《きんか》ではらう。
⑧ 本を（　　）《かりる》。

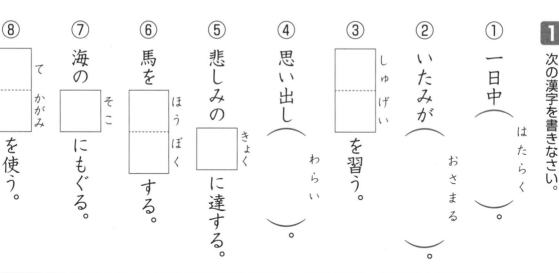

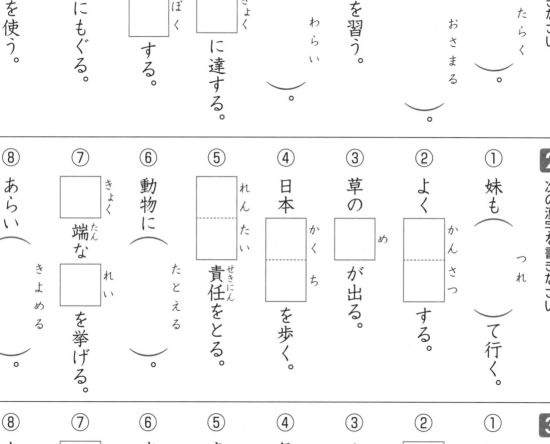

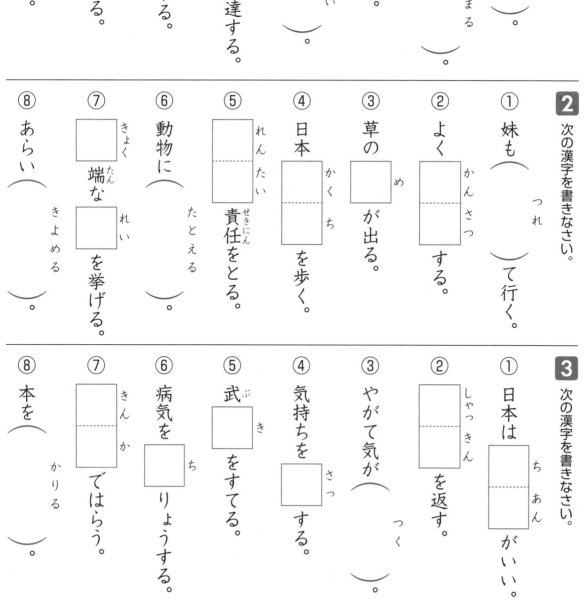

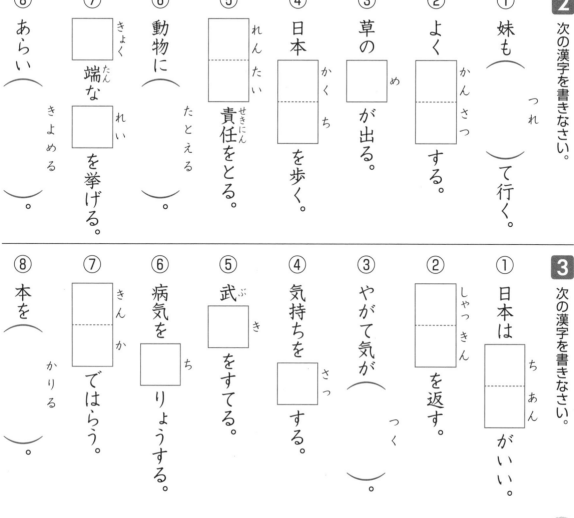

まとめテスト(2)

読み

月　日

時間 20分【はやい15分・おそい25分】
合格 80点（一つ4点）
得点　点

1 ――線の漢字の読み方を書きなさい。

① 飛行機に乗る。（　）
② 音楽隊の行進。（　）
③ 軍用車に乗りこむ。（　）
④ 金貨をさがす。（　）
⑤ 仲間をふやす。（　）
⑥ 小学校の卒業式。（　）（　）
⑦ 英語を話す。（　）
⑧ 戦争はしない。（　）

2 ――線の漢字の読み方を書きなさい。

① 母と百貨店に行く。（　）
② ふろしきに包む。（　）
③ お父さんの給料。（　）
④ 最初にわかる。（　）
⑤ 北極星を見つける。（　）
⑥ 器用な手つき。（　）
⑦ 望遠鏡で見る。（　）
⑧ 三角形の底辺。（　）

3 ――線の漢字の読み方を書きなさい。

① 馬を放牧する。（　）
② 失敗《しっぱい》を教訓にする。（　）
③ 清潔《けつ》な服装《ふくそう》。（　）
④ 借金を返す。（　）
⑤ 発芽の様子を観察する。（　）（　）
⑥ 労働者の生活。（　）
⑦ 高笑いをする。（　）
⑧ 包帯がほどける。（　）

まとめテスト(2) 書き

月　日

時間 20分（はやい15分・おそい25分）
合格 80点（一つ4点）
得点　　点

1 次の漢字を書きなさい。

① （　　）《もっとも》速い方法。
② ひもを（　　）《つける》。
③ □□《しき》の花を楽しむ。
④ 本をお（　　）《かり》する。
⑤ よく□□《かんさつ》しよう。
⑥ 弟を（　　）《つれて》行く。
⑦ □□《かくち》の天気を調べる。
⑧ □□《みぎがわ》にまがる。

2 次の漢字を書きなさい。

① 川の□《そこ》にもぐる。
② 色に（　　）《たとえる》。
③ 小学校を□□《そつぎょう》する。
④ □□《きゅうしょく》の□□《しょっき》。
⑤ にぎり□《めし》を食べる。
⑥ 赤味を（　　）《おびる》。
⑦ □□《なかま》をふやす。
⑧ □□《せんそう》に反対する。

3 次の漢字を書きなさい。

① おもちゃの□□《へいたい》。
② 漢字の音と□《くん》。
③ □□《かもつ》列車。
④ かくし□《げい》大会。
⑤ 風に（　　）《とば》される。
⑥ （　　）《わらい》話をする。
⑦ □《かがみ》をわる。
⑧ 体を□《せい》潔《けつ》にする。

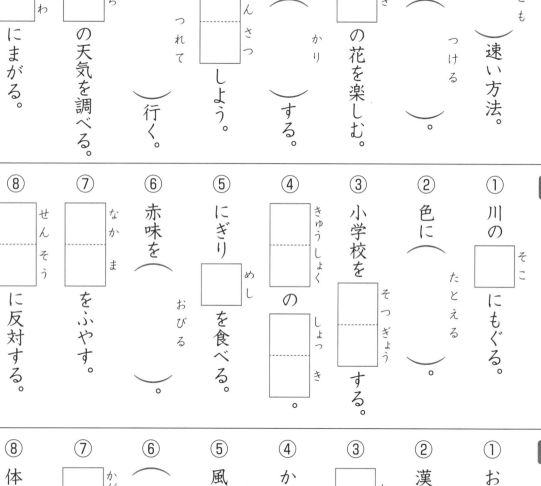

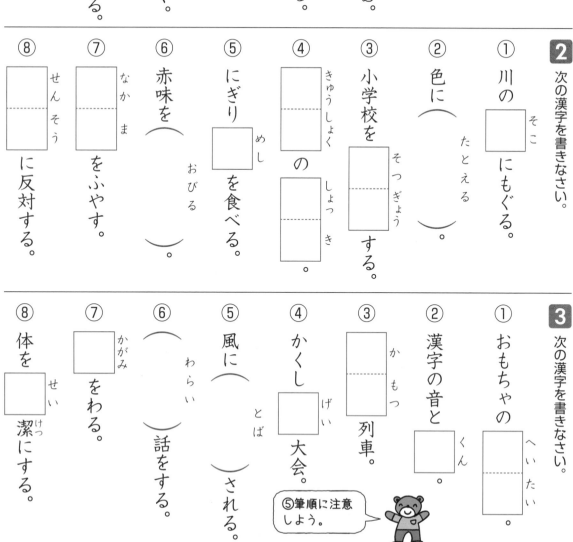

月　日

22日　続・置・加・民・周・景

67 続

音　ゾク

訓　つづく・つづける

部首　糸（いとへん）

意味　つながる。ついて行く。長く連なる。

画数　13

・筆順どおりに書きなさい。

（4 とめる　9 みじかく　12 うえにはねる）

続

●――線の漢字の読み方を書きなさい。

①（　）続ける　②（　）連続。

③（　）続出。　④（　）続投。

68 置

音　チ

訓　おく

部首　罒（あみがしら・あみめ・よこめ）

意味　物をある場所にすえる。間をへだてる。

画数　13

・筆順どおりに書きなさい。

（11・12 おって、みぎに）

置

●――線の漢字の読み方を書きなさい。

①（　）配置。　②（　）身を置く。

③（　）放置。　④（　）置き時計。

69 加

音　カ

訓　くわえる・くわわる

部首　力（ちから）

意味　ふやす。たし算をする。仲間に入れる。

画数　5

・筆順どおりに書きなさい。

（1 はねる　2 つきだしてはらう）

加

●――線の漢字の読み方を書きなさい。

①（　）加工。　②（　）塩を加える。

③（　）追加。　④（　）加算。

70 民

音　ミン

訓　（たみ）

部首　氏（うじ）

意味　こくみん。いっぱんの人たち

画数　5

・筆順どおりに書きなさい。

（3 みぎうえにはねる　5 うえにはねる）

民

●――線の漢字の読み方を書きなさい。

①（　）公民館。　②（　）市民。

③（　）民主主義《ぎ》。　④（　）国民。

71 周

音　シュウ

訓　まわり

部首　口（くち）

意味　ものをぐるりととりまく。

画数　8

・筆順どおりに書きなさい。

（1 はらう　2 はねる　5 ながく）

周

●――線の漢字の読み方を書きなさい。

①（　）一周。　②（　）池の周り。

③（　）円周。　④（　）周期。

72 景

音　ケイ

訓　―

部首　日（ひ）

意味　けしき。ながめ。

画数　12

・筆順どおりに書きなさい。

（5 たてにながく　10 はねる　12 とめる）

景

●――線の漢字の読み方を書きなさい。

①（　）風景美。　②（　）景気がよい。

「景色《けしき》」は特別な読み方です。

月　日

書いてみよう

時間 20分【はやい15分・おそい25分】　合格 20問　正答 /24問

67

① 事故《じこ》が□□《ぞくしゅつ》する。

② 練習を（　　）《つづける》。

③ （　　）《つづいて》入る。

④ □□《れんぞく》さか上がり。

68

① （　　）《おき》時計。

② 庭に石を（　　）《おく》。

③ □□《はいち》を変える。

④ 問題を□□《ほうち》する。

69

① 魚を□□《かこう》する。

② 仲間に（　　）《くわわる》。

③ 水を（　　）《くわえる》。

④ 注文を□□《ついか》する。

70

① □□《こくみん》の代表。

② □□□《こうみんかん》。

③ □□□《みんしゅしゅ》義《ぎ》。

④ □□《しみん》のねがい。

71

① □□《えんしゅう》の長さ。

② 世界を□□《いっしゅう》する。

③ 池の（　　）《まわり》を歩く。

④ 公園の□□《がいしゅう》を走る。

72

① 美しい□□《ふうけい》。

② 世の中の□□《けいき》。

③ 山から見る□□《やけい》。

④ 見事な□□《こうけい》。

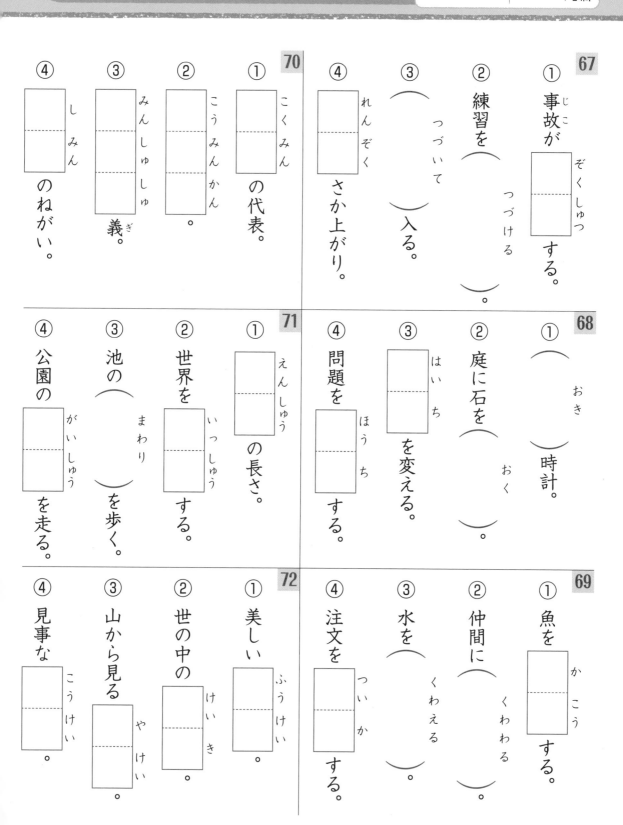

23日　位・冷・末・散・焼・以

月　日

73 位

音 イ　訓 くらい

部首 亻（にんべん）

意味 身分。十進法で数を表すための十倍ごとの名。

画数 7

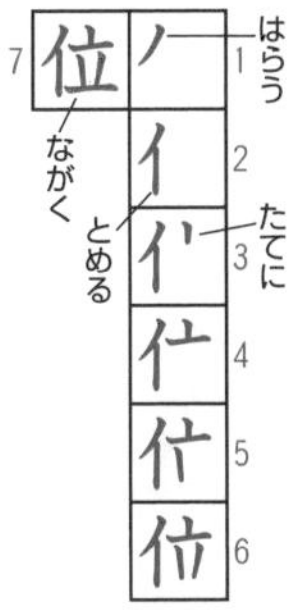

・筆順どおりに書きなさい。

位

――線の漢字の読み方を書きなさい。

① 第一位。（　）

② 位置。（　）

③ 位取り。（　）

④ これ位。（　）

74 冷

音 レイ　訓 つめたい・ひえる・ひや・ひやす・ひやかす・さめる・さます

部首 冫（にすい）

意味 つめたい。

画数 7

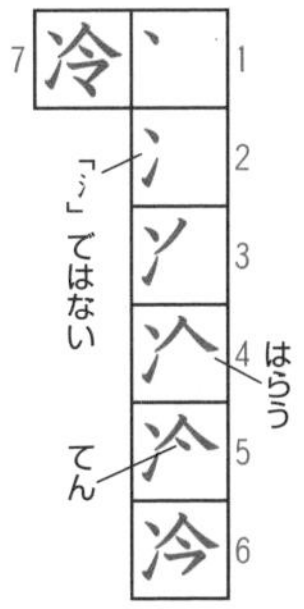

・筆順どおりに書きなさい。

冷

――線の漢字の読み方を書きなさい。

① 冷たい水。（　）

② 冷える。（　）

③ 冷ぞう庫。（　）

④ 湯が冷める。（　）

75 末

音 マツ・（バツ）　訓 すえ

部首 木（き）

意味 終わり。これから先。

画数 5

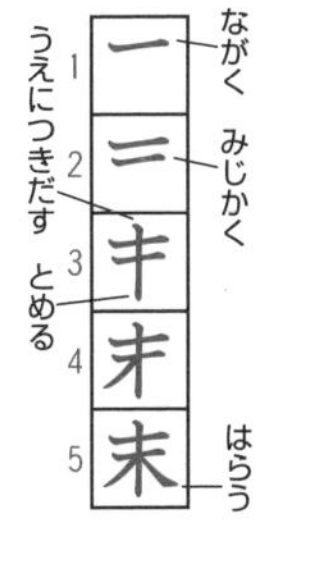

・筆順どおりに書きなさい。

末

――線の漢字の読み方を書きなさい。

① 末っ子。（　）

② 学期末。（　）

③ 結末。（　）

④ 行く末。（　）

76 散

音 サン　訓 ちる・ちらす・ちらかす・ちらかる

部首 攵（のぶん・ぼくづくり）

意味 ばらばらになる。

画数 12

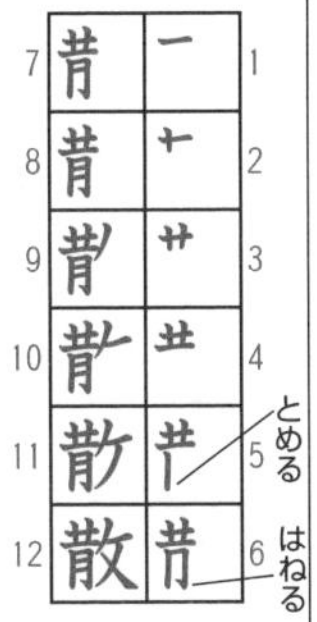

・筆順どおりに書きなさい。

散

――線の漢字の読み方を書きなさい。

① 散歩。（　）

② 花が散る。（　）

③ 散水車。（　）

④ 散らす。（　）

77 焼

音 （ショウ）　訓 やく・やける

部首 火（ひへん）

意味 火でもやす。炭などを作る。

画数 12

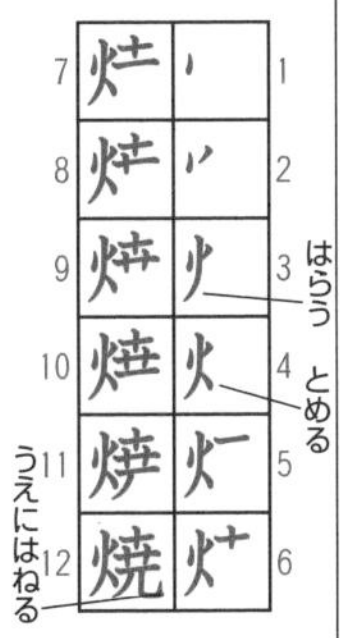

・筆順どおりに書きなさい。

焼

――線の漢字の読み方を書きなさい。

① 夕焼け。（　）

② 肉を焼く。（　）

③ 日焼け。（　）

④ 目玉焼き。（　）

78 以

音 イ　訓 ―

部首 人（ひと）

意味 （言葉の上について）それより…。それから…。でもって。

画数 5

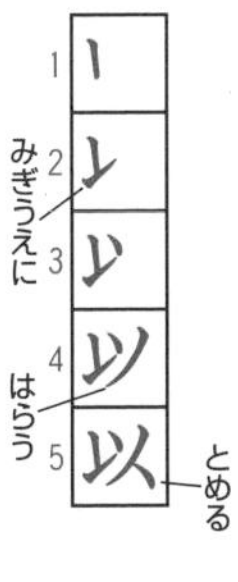

・筆順どおりに書きなさい。

以

――線の漢字の読み方を書きなさい。

① 十分以内。（　）

② 五時以後。（　）

③ 卒業《そつぎょう》以来。（　）

④ 三日以上。（　）

書いてみよう

時間 20分【はやい15分・おそい25分】
合格 20問
正答 　／24問

73

① 第［　　］《いちい》。
② よく［　　］《いち》がわかる。
③ 数の［　　］《くらいど》り。
④ これ［　］《くらい》の大きさ。

74

① （　　）《つめたい》水。
② よく（　　）《ひえた》お茶。
③ ［　］《れい》ぞう庫。
④ スープが［　］《さ》める。

75

① 弟は［　］《すえ》っ子だ。
② 行く［　］《すえ》が心配。
③ ［　　　］《がっきまつ》テスト。
④ ［　　］《まつだい》まで続く。

76

① さくらが（　　）《ちる》。
② 朝の［　　］《さんぽ》に出る。
③ 火花を（　　）《ちらす》。
④ ［　　　］《さんすいしゃ》が通る。

77

① パンを（　　）《やく》。
② 日に（　　）《やける》。
③ 美しい（　　）《ゆうやけ》。
④ （　　）《やけ》石に水

78

① 千円［　　］《いない》。
② 八十点［　　］《いじょう》。
③ 十人［　　］《いか》。
④ 三時［　　］《いご》に帰る。

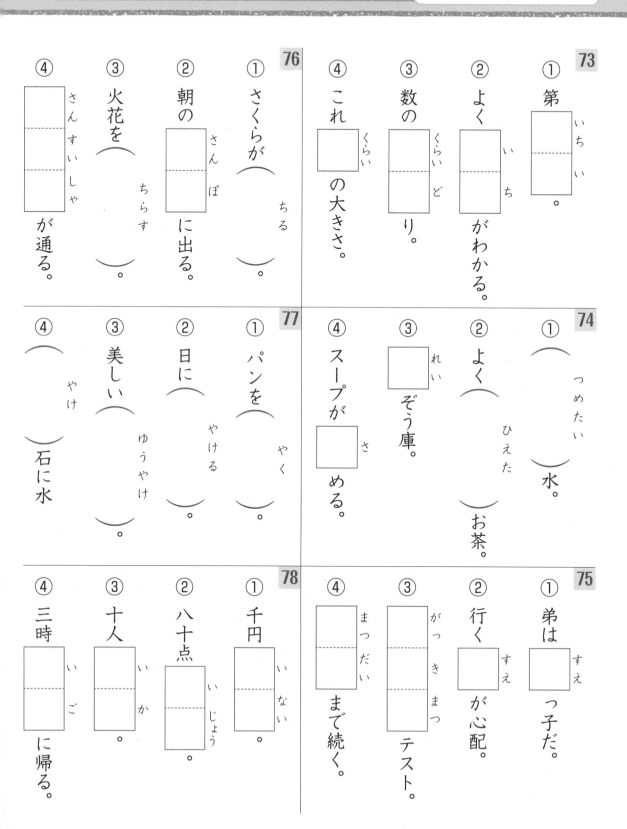

24日 令・官・量・祝・松・梅

月　日

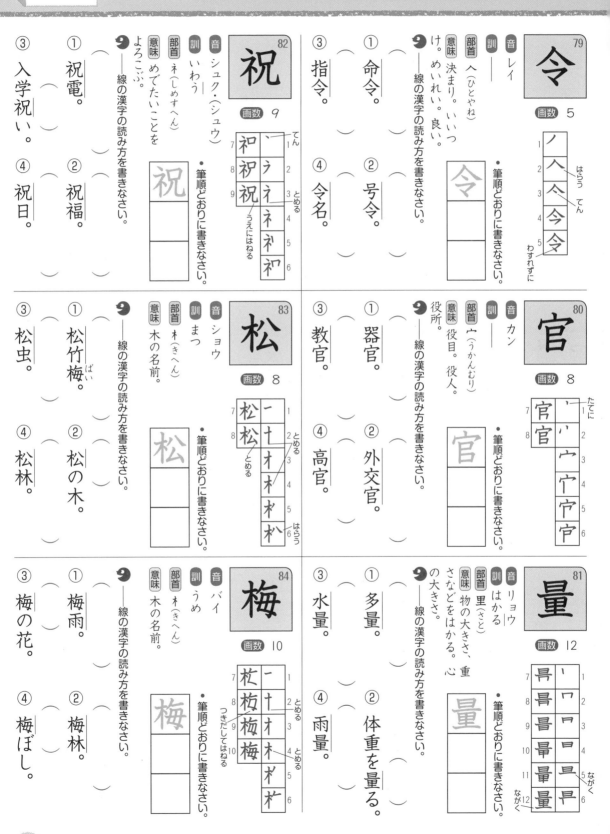

令 79

画数 5

音 レイ

訓 ―

部首 𠆢（ひとやね）

意味 決まり。いいつけ。めいれい。良い。

●筆順どおりに書きなさい。

―線の漢字の読み方を書きなさい。

① 命令。（　）

② 号令。（　）

③ 指令。（　）

④ 令名。（　）

官 80

画数 8

音 カン

訓 ―

部首 宀（うかんむり）

意味 役目。役人。役所。

●筆順どおりに書きなさい。

―線の漢字の読み方を書きなさい。

① 器官。（　）

② 外交官。（　）

③ 教官。（　）

④ 高官。（　）

量 81

画数 12

音 リョウ

訓 はかる

部首 里（さと）

意味 物の大きさ、重さなどをはかる。心の大きさ。

●筆順どおりに書きなさい。

―線の漢字の読み方を書きなさい。

① 多量。（　）

② 体重を量る。（　）

③ 水量。（　）

④ 雨量。（　）

祝 82

画数 9

音 シュク・（シュウ）

訓 いわう

部首 ネ（しめすへん）

意味 めでたいことをよろこぶ。

●筆順どおりに書きなさい。

―線の漢字の読み方を書きなさい。

① 祝電。（　）

② 祝福。（　）

③ 入学祝い。（　）

④ 祝日。（　）

松 83

画数 8

音 ショウ

訓 まつ

部首 木（きへん）

意味 木の名前。

●筆順どおりに書きなさい。

―線の漢字の読み方を書きなさい。

① 松竹梅《ばい》。（　）

② 松の木。（　）

③ 松虫。（　）

④ 松林。（　）

梅 84

画数 10

音 バイ

訓 うめ

部首 木（きへん）

意味 木の名前。

●筆順どおりに書きなさい。

―線の漢字の読み方を書きなさい。

① 梅雨。（　）

② 梅林。（　）

③ 梅の花。（　）

④ 梅ぼし。（　）

月　日

書いてみよう

時間 20分【はやい15分・おそい25分】
合格 20問
正答 /24問

79

① □□《ごうれい》をかける。

② □□《めいれい》にしたがう。

③ □□《しれい》を受ける。

④ □□《れいめい》が高い。

80

① 消化□□《きかん》。

② □□□《がいこうかん》になる。

③ 政府《せいふ》の□□《こうかん》。

④ 大学の□□《きょうかん》。

81

① □□《たりょう》の水。

② 貯水《ちょすい》池の□□《すいりょう》。

③ 一年間の□□《うりょう》。

④ 重さを（　）《はかる》。

82

① 誕生日《たんじょうび》を（　）《いわう》。

② 勝利の□□□《しゅくがかい》。

③ □□《しゅくでん》を打つ。

④ 五月三日は□□《しゅくじつ》だ。

83

① □□《しょうちく》梅《ばい》。

② □□《まつむし》が見える。

③ □《まつ》かさを集める。

④ □□《まつばやし》で遊ぶ。

84

① □《うめ》ぼし。

② □□《ばいえん》をおとずれる。

③ □□《かんばい》を見に行く。

④ □□《にゅうばい》がおくれる。

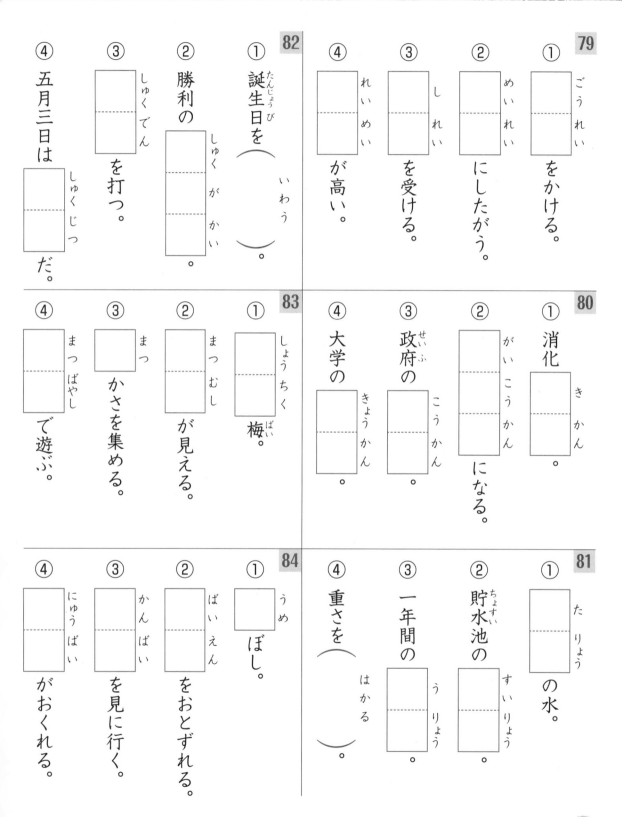

25日 復習テスト(5) 読み

月　日

時間 20分【はやい15分・おそい25分】
合格 80点（一つ4点）
得点　　点

1 ――線の漢字の読み方を書きなさい。

① 連続して動かす。（　）
② 冷やしたジュース。（　）
③ 行く末が心配。（　）
④ 花びらが散る。（　）
⑤ 松竹梅をかざる。（　）
⑥ 美しい風景を見る。（　）
⑦ 駅の周辺。（　）
⑧ 冷静に考える。（　）

②「冷」は送りがなで読み方がかわってくるよ。

2 ――線の漢字の読み方を書きなさい。

① 大きな声の号令。（　）
② 五人以上いる。（　）
③ 民主主義《ぎ》。（　）
④ 外交官になる。（　）
⑤ きちんと始末する。（　）
⑥ 朝の散歩に出る。（　）
⑦ 一の位の四《し》捨《しゃ》五入。（　）
⑧ 食料品を冷ぞうする。（　）

3 ――線の漢字の読み方を書きなさい。

① 雨量を調べる。（　）
② 体重を量る。（　）
③ 司令官のへや。（　）
④ 祝賀の言葉。（　）
⑤ 雨がふり続く。（　）
⑥ ハムは加工品です。（　）
⑦ 美しい松の木。（　）
⑧ お祝いの言葉。（　）

復習テスト(5) 書き

月　日

時間 20分【はやい15分・おそい25分】	得点
合格 80点（一つ4点）	点

1 次の漢字を書きなさい。

① パンが（　　）《やける》。

② あせを出す□□《きかん》。

③ □□《たいりょう》の水。

④ □《うめ》ぼしを食べる。

⑤ 犬に□□《めいれい》する。

⑥ 入学を（　　）《いわう》。

⑦ 練習を（　　）《つづける》。

⑧ 役所の□□《ちょうかん》。

2 次の漢字を書きなさい。

① □□《いち》を動かす。

② 美しい□□《やけい》。

③ 池の（　　）《まわり》を歩く。

④ よく（　　）《ひえ》た水。

⑤ 料理に塩を□《くわ》える。

⑥ □□《しゅくふく》の言葉。

⑦ 荷物を（　　）《おく》。

⑧ 四年□□《いない》の事件《じけん》。

3 次の漢字を書きなさい。

① □□□《がっきまつ》テスト。

② 犬と□□《さんぽ》する。

③ □□《れんぞく》の四□《い》。

④ □□《しみん》の代表。

⑤ 学校の□□《がいしゅう》を走る。

⑥ （　　）《つめたい》雨がふる。

⑦ 行く□《すえ》が心配。

⑧ さくらの花が（　　）《ちる》。

月　日

26日 巣・果・改・未・敗・完

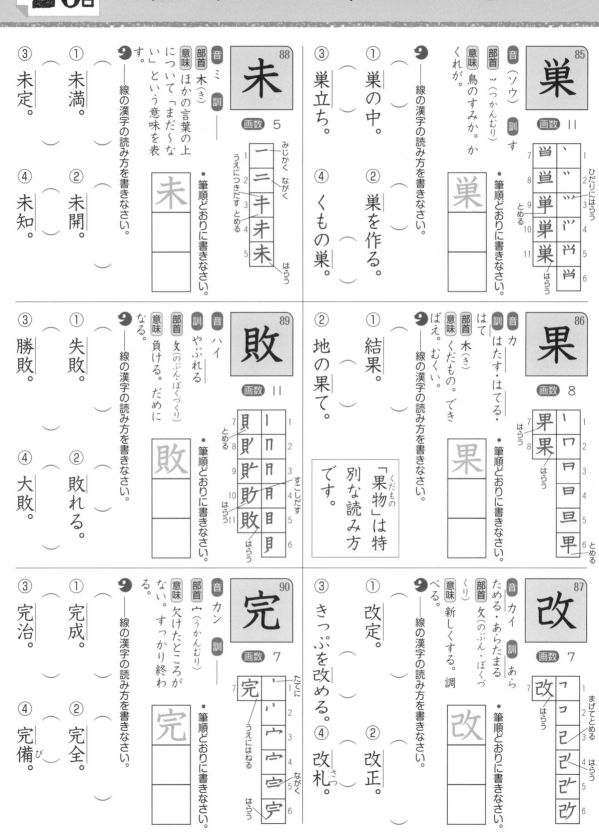

85 巣

画数 11

音 （ソウ）　訓 す

部首 ⺍（つかんむり）

意味 鳥のすみか。かくれが。

• 筆順どおりに書きなさい。

（ひだりにはらう・とめる・はらう）

― 線の漢字の読み方を書きなさい。

① 巣の中。（　　）　② 巣を作る。（　　）

③ 巣立ち。（　　）　④ くもの巣。（　　）

86 果

画数 8

音 カ　訓 はたす・はてる・はて

部首 木（き）

意味 くだもの。できばえ。むくい。

• 筆順どおりに書きなさい。

（はらう・はらう・とめる）

― 線の漢字の読み方を書きなさい。

① 結果。（　　）　② 地の果て。（　　）

「果物《くだもの》」は特別な読み方です。

87 改

画数 7

音 カイ　訓 あらためる・あらたまる

部首 攵（のぶん・ぼくづくり）

意味 新しくする。調べる。

• 筆順どおりに書きなさい。

（まげてとめる・はらう・はらう）

― 線の漢字の読み方を書きなさい。

① 改定。（　　）　② 改正。（　　）

③ きっぷを改める。（　　）　④ 改札《さつ》。（　　）

88 未

画数 5

音 ミ　訓 ―

部首 木（き）

意味 ほかの言葉の上について「まだ～ない」という意味を表す。

• 筆順どおりに書きなさい。

（みじかく・ながく・うえにつきだす・とめる・はらう）

― 線の漢字の読み方を書きなさい。

① 未満。（　　）　② 未開。（　　）

③ 未定。（　　）　④ 未知。（　　）

89 敗

画数 11

音 ハイ　訓 やぶれる

部首 攵（のぶん・ぼくづくり）

意味 負ける。だめになる。

• 筆順どおりに書きなさい。

（とめる・すこしだす・はらう・はらう）

― 線の漢字の読み方を書きなさい。

① 失敗。（　　）　② 敗れる。（　　）

③ 勝敗。（　　）　④ 大敗。（　　）

90 完

画数 7

音 カン　訓 ―

部首 宀（うかんむり）

意味 欠けたところがない。すっかり終わる。

• 筆順どおりに書きなさい。

（たてに・うえにはねる・ながく・はらう）

― 線の漢字の読み方を書きなさい。

① 完成。（　　）　② 完全。（　　）

③ 完治。（　　）　④ 完備《び》。（　　）

書いてみよう

月　日

時間 20分【はやい15分・おそい25分】
合格 20問
正答　　/24問

85

① ハチが□《す》を作る。

② ひなの（　　）《すだち》。

③ 小鳥の□□《すばこ》を作る。

④ □《す》ごもり。

86

① テストの□□《けっか》。

② 地の（　　）《はて》。

③ 責任《せきにん》を（　　）《はたす》。

④ □□《かじつ》の酒を買う。

87

① 自動□《かい》札《さつ》。

② きっぷを（　　）《あらためる》。

③ （　　）《あらたまっ》たあいさつ。

④ 法の□□《かいせい》。

88

① 千円□□《みまん》。

② □□《みかい》の土地。

③ 日程《にってい》は□□《みてい》だ。

④ □□《みち》の世界。

89

① 試合に（　　）《やぶれる》。

② □□《しっぱい》する。

③ □□《しょうはい》が決まる。

④ □□《たいはい》をきっする。

90

① 作品が□□《かんせい》する。

② □□《かんぜん》に負けた。

③ 病気が□□《かんち》する。

④ 水道の□《かん》備《び》。

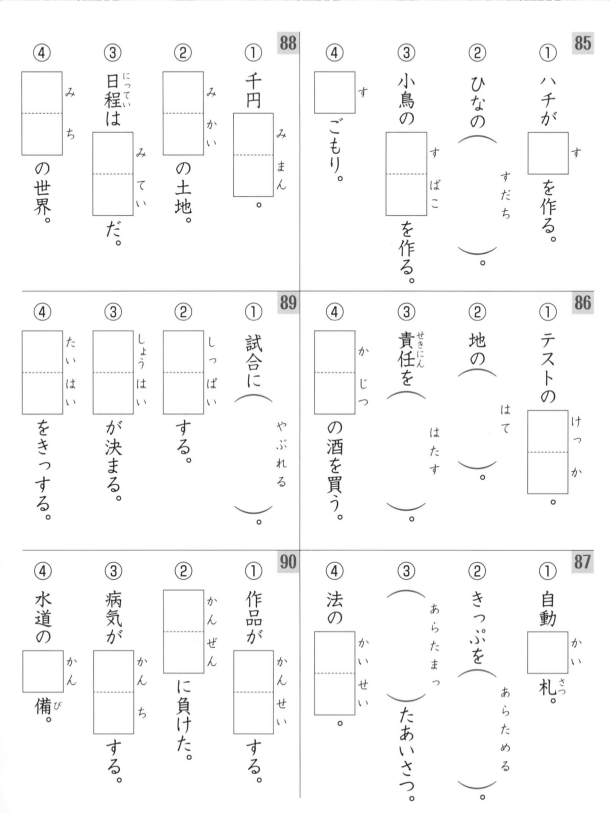

27日　希・願・郡・街・折

希　91

音　キ　訓　―　画数　7

部首　巾（はば）

意味　少ないこと。まれなこと。ねがい。求め。うすい。

・筆順どおりに書きなさい。

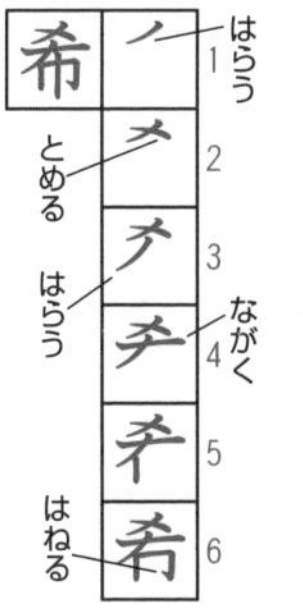

―線の漢字の読み方を書きなさい。

①希望。（　　）
②希硫酸《りゅうさん》。（　　）
③希代。（　　）
④希少価《か》値《ち》。（　　）

願　92

音　ガン　訓　ねがう　画数　19

部首　頁（おおがい）

意味　ねがいたのむこと。神や仏《ほとけ》にいのる。

・筆順どおりに書きなさい。

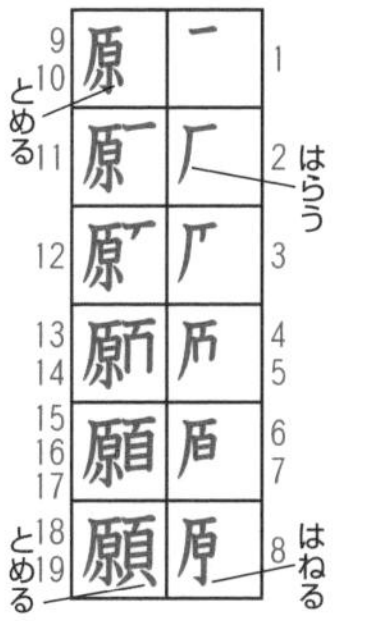

―線の漢字の読み方を書きなさい。

①お願い。（　　）
②願書。（　　）
③念願。（　　）
④願をかける。（　　）

郡　93

音　グン　訓　―　画数　10

部首　阝（おおざと）

意味　都・道・府・県の中をさらに小さく分けたひと区切り。

・筆順どおりに書きなさい。

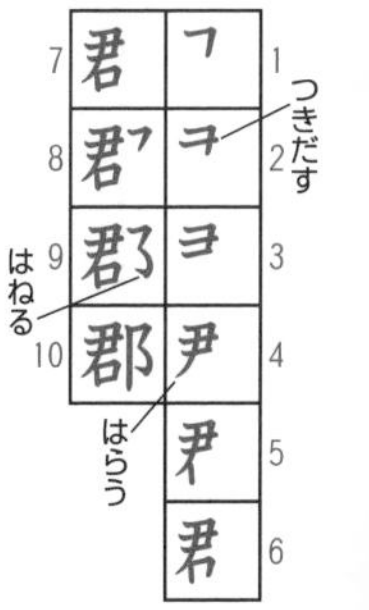

―線の漢字の読み方を書きなさい。

①市と郡。（　　）
②郡内。（　　）
③郡の運動会。（　　）
④郡部。（　　）

街　94

音　ガイ・（カイ）　訓　まち　画数　12

部首　行（ぎょうがまえ・ゆきがまえ）

意味　まち。にぎやかな通り。

・筆順どおりに書きなさい。

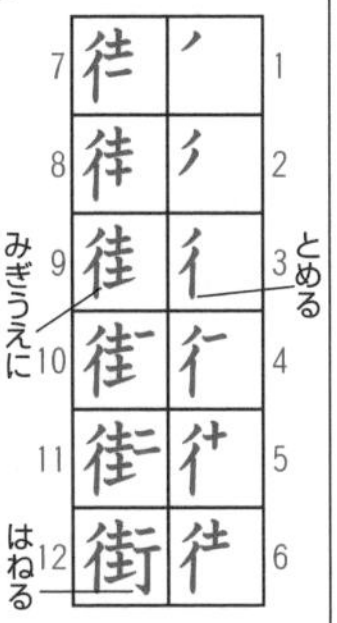

―線の漢字の読み方を書きなさい。

①市街地。（　　）
②街角。（　　）
③商店街。（　　）
④街路樹《じゅ》。（　　）

折　95

音　セツ　訓　おる・おり・おれる　画数　7

部首　扌（てへん）

意味　おる。曲げる。分ける。くじく。死ぬ。

・筆順どおりに書きなさい。

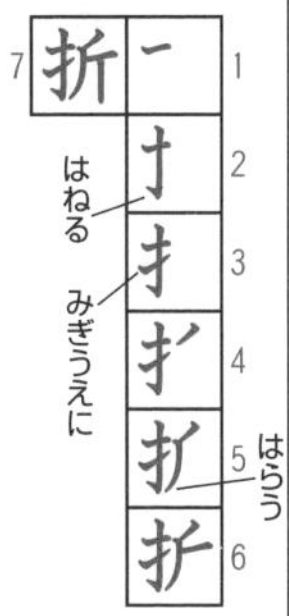

―線の漢字の読み方を書きなさい。

①右に折れる。（　　）
②折角。（　　）
③折半。（　　）
④折を見て話す。（　　）

知っとく　「阝（おおざと）」は右に

「阝」は住む場所を表す漢字のつくりです。同じ意味の阝（こざとへん）は、へんなので漢字の左に、おおざとは右にあることに注意しよう。

阝のつく漢字…郡・都・部
阝のつく漢字…院・陸・階

書いてみよう

月　日

時間 20分【はやい15分・おそい25分】
合格 16問
正答 　/20問

91

① 大きな□□《きぼう》。

② □《き》硫酸《りゅうさん》。

③ □□《きだい》の英雄《えいゆう》。

④ □□《きしょう》価値《かち》。

92

① お（　）《ねがい》します。

② 入学試験の□□《がんしょ》。

③ □□《ねんがん》がかなう。

④ 神に□《がん》をかける。

93

① 市と□《ぐん》。

② □《ぐん》の運動会。

③ □□《ぐんない》の各町村。

④ □《ぐん》の北部と南部。

94

① □□□《しがいち》。

② □《まち》の明かり。

③ □□□《しょうてんがい》。

④ □□《がいろ》樹《じゅ》を守る。

95

① 枝《えだ》を（　）《おる》。

② 左に（　）《おれる》。

③ □□《せっかく》の機会。

④ □《おり》にふれて注意する。

知っとく 「希」の二つの意味

「希」には「少ない。まれだ。めずらしい。」という意味と「願う。望む。」という、大きく分けて二つの意味があります。それぞれの意味を、次の熟語《じゅくご》の形で覚えよう。

希
- 希少・希有《けう》・希代
- 希望・希求

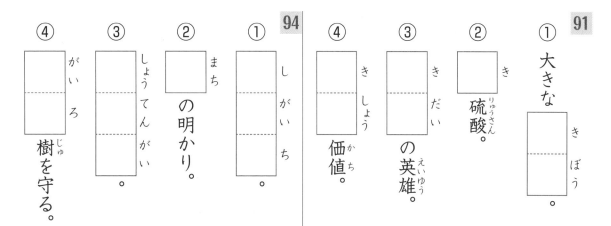

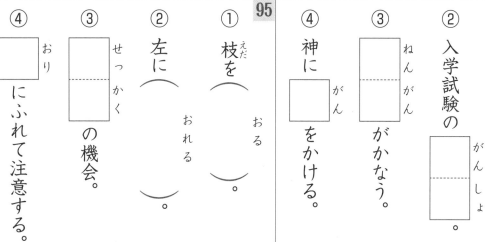

28日 積・径・好・札・束

96 積

音 セキ　訓 つむ・つもる
画数 16
部首 禾（のぎへん）
意味 集めて重ねる。つもる。広さ。かさ。

・筆順どおりに書きなさい。

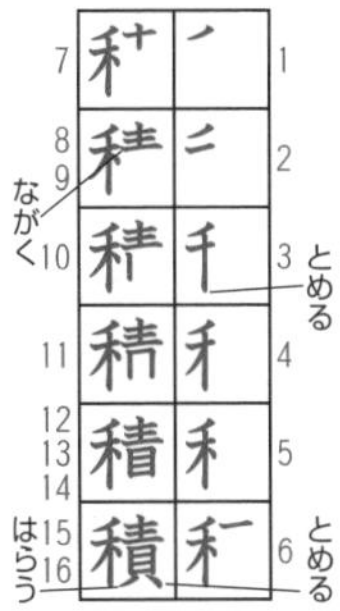

●――線の漢字の読み方を書きなさい。

① 積み木。（　　）
② 積み荷。（　　）
③ 積雪。（　　）
④ 体積。（　　）

97 径

音 ケイ　訓 ―
画数 8
部首 彳（ぎょうにんべん）
意味 小道。道。さしわたし。

・筆順どおりに書きなさい。

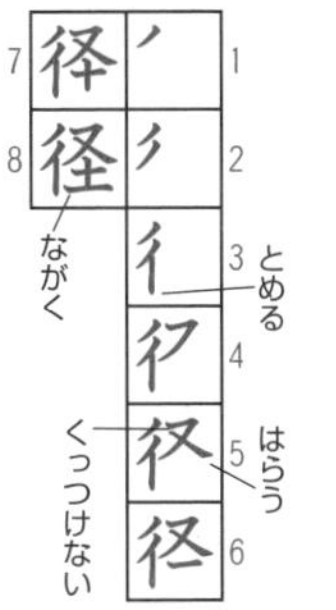

●――線の漢字の読み方を書きなさい。

① 直径。（　　）
② 半径。（　　）
③ 径路。（　　）
④ 口径。（　　）

98 好

音 コウ　訓 このむ・すく
画数 6
部首 女（おんなへん）
意味 このむ。良い。

・筆順どおりに書きなさい。

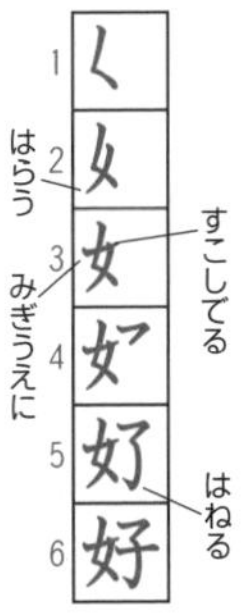

●――線の漢字の読み方を書きなさい。

① 好物。（　　）
② 好む。（　　）
③ 大好き。（　　）
④ 好感。（　　）

99 札

音 サツ　訓 ふだ
画数 5
部首 木（きへん）
意味 木のふだ。紙のお金。かき もの。お守り。

・筆順どおりに書きなさい。

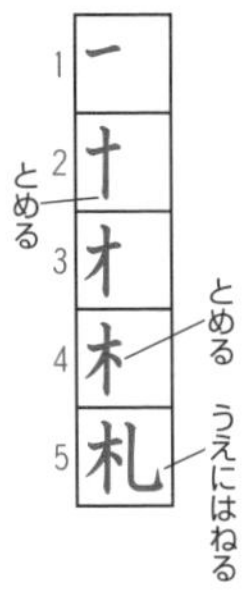

●――線の漢字の読み方を書きなさい。

① 改札口。（　　）
② 表札。（　　）
③ 荷札。（　　）
④ 名札。（　　）

100 束

音 ソク　訓 たば
画数 7
部首 木（き）
意味 たばねる・つなぐ。たばねたものを数える言葉。

・筆順どおりに書きなさい。

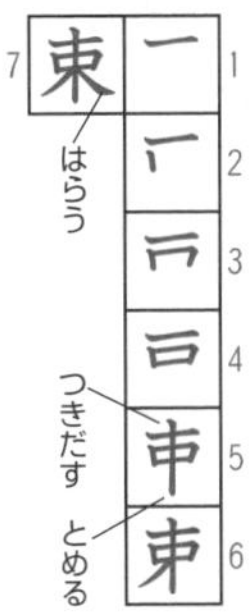

●――線の漢字の読み方を書きなさい。

① 結束。（　　）
② 約束。（　　）
③ 束にする。（　　）
④ 花束。（　　）

知っとく 形の似《に》ている「礼」と「札」

「礼」と「札」はよく似ています。漢字の意味は、「礼」が「人の行うべき道。制度《せいど》。」を、「札」が「ふだ。」を表します。それぞれの意味をふまえて、次の熟語《じゅくご》を覚えよう。

礼…礼儀《れいぎ》・失礼・無礼・朝礼
札…表札・改札口・札束・名札

書いてみよう

月　日

時間 20分 【はやい15分・おそい25分】
合格 16問
正答 　/20問

96

① （　　）《つみ》木で遊ぶ。

② （　　）《つみ》荷を下ろす。

③ □□《せきせつ》が多い。

④ □□《たいせき》を量る。

97

① 円の□□《はんけい》。

② 銃《じゅう》の□□《こうけい》。

③ 池の□□《ちょっけい》を求める。

④ 庭園の□□《けいろ》。

98

① 父の□□《こうぶつ》。

② 果実を（　　）《このむ》。

③ 犬が（　　）《だいすき》だ。

④ □□《こうかん》を持つ。

99

① お□《ふだ》を買う。

② □□□《かいさつがかり》。

③ □□《ひょうさつ》をかける。

④ 胸《むね》の□□《なふだ》。

100

① 草を（　　）《たばねる》。

② □□《やくそく》をする。

③ □□《はなたば》をわたす。

④ 争いが収《しゅう》□《そく》する。

知っとく　好きってどういうこと？

「好」という字は、お母さんが子をだいてかわいがっている姿《すがた》から生まれました。これが「好き」のはじまりです。お母さんが子をだく姿は美しく、喜《よろこ》ばしいことから、「好」にはそのような意味があるのです。

29日 復習テスト(6) 読み

月　日

時間 20分 【はやい15分・おそい25分】

合格 80点 (一つ4点)

得点　　点

1 ——線の漢字の読み方を書きなさい。

① 札束を数える。

② 折角来たのに残念だ。

③ 小鳥の巣箱を作る。

④ わたしは父が好きです。

⑤ 地の果てまで行く。

⑥ 山中の径路を教える。

⑦ 改めて答える。

⑧ 折れた木を積む。

2 ——線の漢字の読み方を書きなさい。

① 未知の世界へ行く。

② 改変を行う。

③ 木の枝《えだ》を折る。

④ 失敗してもくじけない。

⑤ 明るい未来を信じる。

⑥ 良い結果をすぐに得《え》る。

⑦ 作品が完成する。

⑧ 敗れた原因《げんいん》を考える。

3 ——線の漢字の読み方を書きなさい。

① 明日に希望をつなげ。

② 郡内にある町村の数。

③ 商店街の大売り出し。

④ 願書をもらいに行く。

⑤ 希少価値《かち》がある品物。

⑥ 食べ物の好み。

⑦ 街角にあるポスト。

⑧ 成功を願う。

復習テスト(6) 書き

月　日

時間 20分【はやい15分・おそい25分】
合格 80点（一つ4点）
得点　点

1 次の漢字を書きなさい。

① （　　）《はてし》ない空。
② □□《やくそく》をする。
③ くもの□《す》を見つける。
④ 百万円の□□《さつたば》。
⑤ □□《せきせつ》の多い国。
⑥ □□《けっか》を見る。
⑦ （　　）《すき》な番組を見る。
⑧ 円の□□《はんけい》を求める。

2 次の漢字を書きなさい。

① 柿《かき》は母の□□《こうぶつ》だ。
② 宿題を□□《かんぜん》にやる。
③ 足を骨《こっ》□《せつ》する。
④ □□《かいぎょう》して書く。
⑤ 試合に（　　）《やぶれる》。
⑥ □□《みかん》の作品。
⑦ □《おり》を見て話す。
⑧ 決勝戦で□□《かんぱい》した。

3 次の漢字を書きなさい。

① （　　）《ねがい》を実現《じつげん》する。
② □□□《ちかがい》を歩く。
③ □□《みらい》の□□《きぼう》。
④ 県下の□《ぐん》と市。
⑤ トランプの□□《てふだ》。
⑥ □□《がんしょ》を送る。
⑦ 空気が□《き》薄《はく》になる。
⑧ 石を（　　）《つみ》上げる。

30日 まとめテスト(3)

読み

月　日

時間 20分 【はやい15分・おそい25分】

合格 80点 （一つ4点）

得点　　点

1 ――線の漢字の読み方を書きなさい。

① 希望にあふれる。

② 梅林をおとずれる。

③ 良い結果が出る。

④ 積雪で交通がまひする。

⑤ 直径十キロの湖。

⑥ 約束をわすれない。

⑦ 好物は魚だ。

⑧ 松の枝《えだ》を束ねる。

2 ――線の漢字の読み方を書きなさい。

① 練習を続ける。

② テーブルに皿を置く。

③ 魚を加工する。

④ 駅の改札を通る。

⑤ 美しい景色。

⑥ 元気のよい末っ子。

⑦ 父の念願がかなった。

⑧ 池の周り。

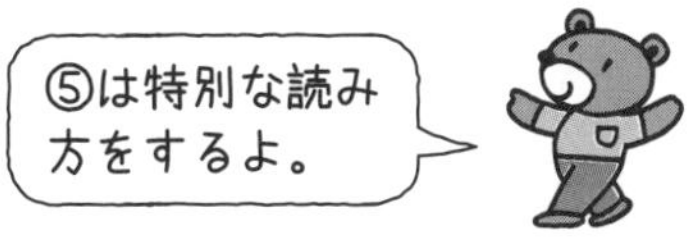

3 ――線の漢字の読み方を書きなさい。

① 県下の市と郡。

② 勝負に敗れる。

③ 多量の水を流す。

④ よく冷えたビール。

⑤ 星の位置が動く。

⑥ ゴミを焼く。

⑦ 改心する。

⑧ 美しい夕焼け。

まとめテスト(3) 書き

月　日

時間 20分 【はやい15分・おそい25分】
合格 80点 （一つ4点）
得点　　点

1 次の漢字を書きなさい。

① （　　）《おり》紙を教わる。

② 朝の□□《さんぽ》に出る。

③ 「休め」の□□《ごうれい》。

④ （　　）《つめたい》麦茶。

⑤ □□《いち》に着く。

⑥ □□《うりょう》計。

⑦ 鳥の□《す》を見つける。

⑧ 今日は□□《しゅくじつ》だ。

2 次の漢字を書きなさい。

① □□《かんれい》前線の南下。

② □《うめ》の花が（　　）《ちる》。

③ 幸せを（　　）《ねがう》。

④ 三日□□《いない》に来る。

⑤ □□□《しょうちくばい》をかざる。

⑥ □□□《ちかがい》を歩く。

⑦ （　　）《つみ》木で遊ぶ。

⑧ 話が□□《きょくせつ》する。

3 次の漢字を書きなさい。

① □□《れんぞく》ドラマ。

② □□□《みかんせい》のビル。

③ 貝を□□《かこう》する。

④ □□《こうみん》館に集まる。

⑤ 池の□《しゅう》囲《い》を歩く。

⑥ 美しい□□《やけい》。

⑦ □□□《がっきまつ》テスト。

⑧ □□□《がいこうかん》になる。

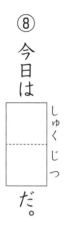

進級テスト(1) 読み

月	日
時間 20分【はやい15分・おそい25分】	得点 点
合格 80点（一つ4点）	

1 熟語《じゅくご》になるように、□に入る漢字をあとから選び、その熟語の読みを（　）に書きなさい。

①
㋐ 満□（　　）
㋑ 野□（　　）
㋒ 健□（　　）
㋓ 地□（　　）
㋔ 強□（　　）

康　帯　固　足　菜

②
㋐ 感□（　　）
㋑ 伝□（　　）
㋒ 電□（　　）
㋓ 労□（　　）
㋔ 連□（　　）

達　働　覚　結　灯

2 ——線の漢字の読み方を書きなさい。

① 受付の時間。（　　）
② 仲のよい友達を救《すく》う。（　　）（　　）
③ 美しい景色。（　　）（　　）
④ 果物を食べる。（　　）

3 ——線の漢字の読み方を書きなさい。

① 入場料をはらう。（　　）
② 挙手する。（　　）
③ 右側を向く。（　　）

4 ——線の漢字の読み方を書きなさい。

① 老いを感じる。（　　）
② 朝飯前の仕事。（　　）（　　）
③ 浅い海で遊ぶ。（　　）（　　）
④ 鏡で見る。（　　）（　　）
⑤ 積雪一メートル。（　　）（　　）
⑥ 街路樹《じゅ》。（　　）（　　）
⑦ 戦争と平和。（　　）（　　）
⑧ 晴れの日が続く。（　　）

進級テスト(1) 書き

月　日

時間 20分【はやい15分・おそい25分】
合格 80点（一つ4点）
得点　　点

1 次の漢字と反対の意味の漢字を、あとから選んで書きなさい。

① 生―□
② 内―□
③ 強―□
④ 売―□
⑤ 始―□
⑥ 長―□
⑦ 苦―□
⑧ 明―□
⑨ 高―□
⑩ 深―□

外　弱　短　死　買
終　楽　暗　低　浅

2 次の□に読みが同じ漢字を書きなさい。

① 大きな□《かい》社。
② □《かい》転がおそい。
③ 世□《かい》の平和。
④ 工作機□《かい》を入れる。
⑤ 日本一周の航《こう》□《かい》。
⑥ 有名な□《かい》画。
⑦ 法を□《かい》正する。

3 次の漢字を書きなさい。

① □□《こてい》的な考え。
② □□《そくたつ》がとどく。
③ □□《ゆうき》を出す。
④ あさがおの□□《かんさつ》。
⑤ □□《しょうめい》のスイッチ。
⑥ □□《なたね》をしぼる。
⑦ 小学校の□□《そつぎょう》式。
⑧ 池の□□《ふきん》を歩く。

進級テスト(2) 読み

月　日

時間 20分 【はやい15分・おそい25分】
合格 80点 (一つ4点)
得点　点

1 ――線の漢字の読み方を書きなさい。

① 借家（　）　借りる（　）
② 戦争（　）　戦う（　）
③ 位置（　）　下に置く（　）
④ 最大（　）　最も（　）
⑤ 固定（　）　固い決意（　）

2 次の漢字を組み合わせて二字熟語《じゅくご》を四つ作り、読み方を書きなさい。

変	台	気	灯	
器	化	機	景	

（　）（　）（　）（　）

3 ――線の漢字の読み方を書きなさい。

① 熱が冷める。（　）
② 頭を冷やす。（　）
③ 冷たい態度《たいど》。（　）

4 ――線の漢字の読み方を書きなさい。

① 松竹梅。（　）
② 好物のプリン。（　）
③ 平和を願う。（　）
④ 信号を左折する。（　）
⑤ 貨物列車。（　）
⑥ 新聞を刷る。（　）
⑦ アジアの民族。（　）
⑧ さとうを加える。（　）

進級テスト(2) 書き

月　日

時間 20分【はやい15分・おそい25分】
合格 80点（一つ5点）
得点　点

1 ――線の言葉を漢字で書きなさい。

① ほうれん草を一たば買う。 □
② 一りんのバラの花。 □
③ 薬を一ぽうずつ飲む。 □
④ 競走で一いになる。 □
⑤ 運動場を一しゅうする。 □
⑥ 一勝一ぱいになる。 □

2 次の□に漢字を書きなさい。（完答）

① きょく
㋐ 郵便《ゆうびん》□
㋑ 合唱□
㋒ 北□点

② ひ
㋐ □行船
㋑ □肉
㋒ □観的

3 次の漢字を書きなさい。

① 目が□□《ろうか》する。
② 重さを（はかる）。
③ □《そこ》がぬける。
④ □□□《はくぶつかん》へ行く。
⑤ 先を（あらそう）。
⑥ □□《へいたい》の□□《くんれん》。
⑦ いたみが（おさまる）。
⑧ □□《ともだち》との□□《ゆうはん》。
⑨ □□□《しがいち》に行く。
⑩ ライバルに□□《かんぱい》した。

月　日

進級テスト(3)　読み

時間 20分【はやい15分・おそい25分】　合格 80点（一つ4点）　得点　点

1 ――線の漢字の読み方を書きなさい。

① ㋐ 未来（　　）　㋑ 学年末（　　）

② ㋐ 四季（　　）　㋑ 委員会（　　）

③ ㋐ 鳥の巣箱（　　）　㋑ 単調（　　）

④ ㋐ 沖合（　　）　㋑ 仲間（　　）

2 同じ読み方の熟語《じゅくご》を――線で結びなさい。

① 児童・　・㋐ 次点

② 清算・　・㋑ 給料

③ 辞典・　・㋒ 大気

④ 待機・　・㋓ 自動

⑤ 休漁・　・㋔ 生産

3 ――線の漢字の読み方を、次の場合に合うように書きなさい。

① お札

㋐ お金の場合（　　）

㋑ お守りの場合（　　）

② 一節

㋐ 小説などの一区切りの場合（　　）

㋑ 竹などの一区切りの場合（　　）

4 ――線の漢字の読み方を書きなさい。

① 祝福の言葉。（　　）

② 例を挙げる。（　　）

③ ほめられて照れる。（　　）

④ 明日は学芸会だ。（　　）

⑤ 英才教育をほどこす。（　　）

⑥ 街の明かり。（　　）

⑦ 料理を容《よう》器にもる。（　　）

⑧ 大笑いする。（　　）

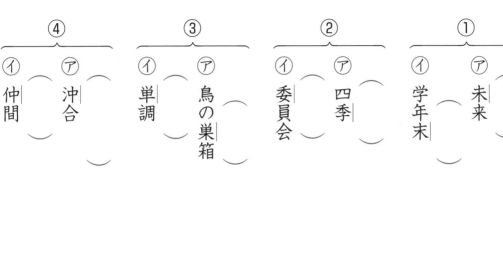

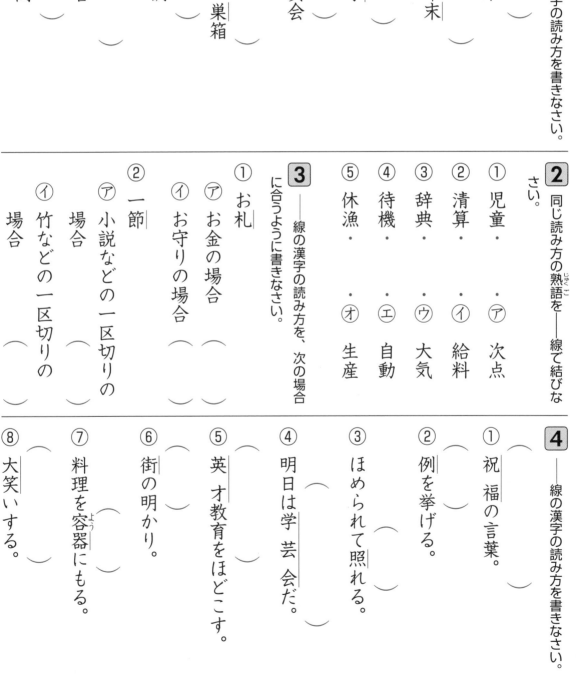

進級テスト(3) 書き

月　日

時間 20分【はやい15分・おそい25分】
合格 80点（一つ5点）
得点　　点

1 ――線を漢字で書きなさい。必要であれば送りがなも書きなさい。

① ㋐ 山々が<u>つらなる</u>。（　　）
　 ㋑ 犬を<u>つれる</u>。（　　）

② ㋐ <u>はじめて</u>の体験。（　　）
　 ㋑ 人生<u>はつ</u>の出来事。（　　）

③ ㋐ <u>おり</u>を見て話す。（　　）
　 ㋑ かさのほねが<u>おれる</u>。（　　）

2 次の漢字とそれぞれの部首を組み合わせてできる漢字を書きなさい。（完答）

① 反　㋐ 飠 □　㋑ 土 □

② 川　㋐ 頁 □　㋑ 言 □

③ 青　㋐ 氵 □　㋑ 日 □

3 次の漢字を書きなさい。

① 動物に（　　）《たとえる》。

② （　　）《ひくい》声を出す。

③ □□《ねんがん》がかなう。

④ □□《たいりょう》に□□《いんさつ》する。

⑤ □□《だいじん》に任命《にんめい》する。

⑥ あさがおの□《め》が出る。

⑦ 牛を□□《ほうぼく》する。

⑧ □□《へんどう》する社会。

⑨ □□《まんぞく》な□□《せいか》。

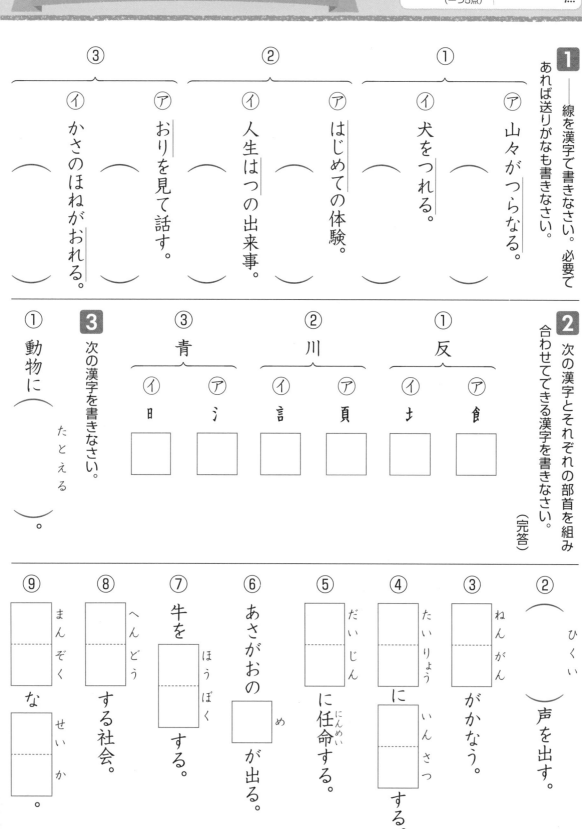

月　日

進級テスト(4)　読み

時間 20分【はやい15分・おそい25分】
合格 80点（一つ4点）
得点　点

1 次の漢字の読み方を書きなさい。

① ㋐成功（　） ↔ ㋑失敗（　）
② ㋐最高（　） ↔ ㋑最低（　）
③ ㋐分散（　） ↔ ㋑集中（　）
④ ㋐戦争（　） ↔ ㋑平和（　）
⑤ ㋐文頭（　） ↔ ㋑文末（　）

2 次の漢字の読み方を、例にならって送りがなもふくめて書きなさい。（完答）

例 曲（まがる）（まげる）
① 加（　）（　）
② 建（　）（　）
③ 飛（　）（　）

3 次の漢字の読み方を書きなさい。

① 側面（　）
② 郡部（　）
③ 失礼（　）

4 ――線の漢字の読み方を書きなさい。

① 犬に首輪をつける。（　）（　）
② 好きな料理。（　）（　）
③ 種が発芽する。（　）（　）
④ 労力を使う。（　）（　）
⑤ 注文を追加する。（　）（　）
⑥ 呪文《じゅもん》を唱える。（　）
⑦ 魚を焼く。（　）
⑧ 本を借りる。（　）

進級テスト(4) 書き

月　日

時間 20分【はやい15分・おそい25分】

合格 80点（一つ5点）

得点　点

1 形のにた漢字を正しく書きなさい。（完答）

① ㋐ 実験に使う試験□《かん》。
　 ㋑ 試験の係の試験□《かん》。

② ㋐ □《かく》人で用意する。
　 ㋑ 花を育てる□《めい》人。

③ ㋐ 古□《みん》家を借りる。
　 ㋑ □《りょう》家の子女。

④ ㋐ 学級□《い》員になる。
　 ㋑ 雨□《き》に入る。

2 次の□にあてはまる漢字を書きなさい。

① □は身を助ける

② □に短したすきに長し

③ □け石に水

④ ちりも□もれば山となる

⑤ □□下《もと》暗し

⑥ □う門《かど》には福来たる

3 次の漢字を書きなさい。

① 三月の□《すえ》に旅行する。

② □□《せきはん》を食べる。

③ □《うめ》の木を植える。

④ □□《てかがみ》を使う。

⑤ 先生を（　　）《いわう》。

⑥ 心を（　　）《あらためる》。

⑦ （　　）《かたく》信じる。

⑧ 家具の□□《はいち》を変える。

⑨ 手先が□□《きよう》だ。

⑩ お湯を（　　）《くわえる》。

進級テスト(5)　読み

時間 20分【はやい15分・おそい25分】　得点　点
合格 80点（一つ4点）

1
―線の漢字の読み方を書きなさい。

① ㋐ 軽快《かい》なダンス。　㋑ 直径三センチ。

② ㋐ 海底にもぐる。　㋑ 低空を飛ぶ。

③ ㋐ 電話で連絡《らく》する。　㋑ 練習を重ねる。

④ ㋐ 最近の出来事。　㋑ 学校の文化祭。

2
―線が同じ読みの漢字を、―線で結びなさい。

① 地位・　　・㋐ 辞令
② 用例・　　・㋑ 食料
③ 持続・　　・㋒ 部隊
④ 待望・　　・㋓ 以来
⑤ 数量・　　・㋔ 親族

3
次の四字熟語《じゅくご》の読み方を書きなさい。

① 完全無欠
② 相思相愛
③ 一衣帯水
④ 二束三文

4
―線の漢字の読み方を書きなさい。

① 兵庫県の出身。
② 池の周り。
③ 教訓を得《え》る。
④ 季節はめぐる。
⑤ 陸軍の大佐。
⑥ 忠実《ちゅうじつ》な家臣。
⑦ 仲直りをする。
⑧ 地球の未来。

進級テスト(5) 書き

月　日

時間 20分【はやい15分・おそい25分】
合格 80点（一つ4点）
得点　点

1 次の言葉を漢字で書きなさい。必要であれば送りがなも書きなさい。

① つける
㋐ 衣装《いしょう》を（　）
㋑ 力を（　）

② くらい
㋐ 数字の（　）
㋑ 夜道が（　）

③ たてる
㋐ 家を（　）
㋑ 旗を（　）

④ まつ
㋐ 植物の（　）
㋑ 友達を（　）

2 次の言葉を漢字と送りがなで書きなさい。

① いさむ（　）
② つつむ（　）
③ このむ（　）
④ いわう（　）
⑤ ちらす（　）
⑥ はたす（　）
⑦ みたす（　）
⑧ はたらく（　）
⑨ つづく（　）

3 次の漢字を書きなさい。

① □□《ぼくじょう》をかけまわる。
② 試合に（やぶれる）。
③ □□《なかま》を助ける。
④ 選挙で（たたかう）。
⑤ □□《けんこく》記念の日。
⑥ 手を（きよめる）。
⑦ 信用を（うしなう）。
⑧ ここは学生の□《まち》だ。

答え

漢字 6級

1ページ

1 ①か ②おおさかじょう ③む ④さ
⑤とも ⑥えひめ ⑦しそん・さか
⑧なし

2 ①むせん ②おっと ③たよ ④いん
⑤くだ(かん) ⑥あ ⑦くま ⑧な

3 ①にいがた ②しか ③ぎふ
④とうひょう ⑤ろくが ⑥しんよう
⑦どりょく ⑧か

2ページ

1 ①参る ②昨年 ③結局 ④関係 ⑤漁
⑥縄 ⑦長崎 ⑧不足

2 ①岡山 ②無事 ③伝う ④宮崎
⑤良い ⑥生徒・席 ⑦別 ⑧残し

3 ①静か ②目標 ③望み ④案
⑤百科事典 ⑥富 ⑦旗 ⑧実験

3ページ

1 ①さん ②う ③せきしょ
④ぎょせん ⑤のうすいしょう ⑥と
⑦うみべ ⑧ふくおか

2 ①しか ②たぐ ③がい・な ④くら
⑤けいばじょう ⑥へいせい ⑦やく
⑧やしな

3 ①ようてん ②ぐんま ③とほ
④しお ⑤せんしゅ ⑥まと ⑦な
⑧しめい

4ページ

1 ①欠点 ②差す ③共通 ④道徳
⑤試合 ⑥欠点 ⑦孫 ⑧愛媛

2 ①水夫 ②深夜便 ③旗印 ④管理
⑤浴びせる ⑥望み ⑦的・選ぶ
⑧求める

3 ①副部長 ②協力 ③辞書 ④必ず
⑤信念 ⑥滋賀 ⑦日課 ⑧自然

5ページ

1 ①むす ②かいぎ・かか ③きょうそう
④こころ ⑤おか ⑥いばら
⑦ぶきみ ⑧じょうかまち

2 ①おきあい ②でんき ③いどみず
④りょうしん ⑤かなめ ⑥ゆうぼう
⑦わか ⑧のこ

3 ①さが ②しかい ③なら
④つと ⑤もくてきち ⑥べんり
⑦とやま ⑧いるい

6ページ

1 ①鹿児島 ②生産 ③説明 ④近辺
⑤静める ⑥日光浴 ⑦養う ⑧成長

2 ①倉庫 ②省く ③児童 ④沖縄
⑤氏名 ⑥順番 ⑦特 ⑧塩分

3 ①府・気候 ②席 ③埼玉 ④伝言
⑤陸 ⑥種 ⑦熱 ⑧泣く

7ページ

1 ①しんしゅ ②べんじょ ③む
④どうとく ⑤しんよう ⑥ゆうがい
⑦ほうほう ⑧しんるい

2 ①きょうりょく ②せつめいしょ
③せん・えら ④ふりつ ⑤かいぎ
⑥あんせい ⑦がた ⑧もくひょう

3 ①ぎょうじ ②ろくおん ③ざんねん
④あい ⑤さか ⑥てんこう
⑦かわさき ⑧ひつよう

8ページ

1 ①利用 ②大群 ③伝える ④的
⑤国旗 ⑥木材 ⑦反省 ⑧氏名

2 ①省く ②票 ③衣類 ④課題 ⑤選ぶ
⑥天然・塩 ⑦別れる ⑧辺り

3 ①熱い ②億 ③兆 ④熱心 ⑤産業

⑥栄養　⑦案　⑧努力

9ページ

1　①ろうじん　②お　③ろうご　④ろう
2　①だいじん　②かしん　③じゅうしん
3　①まんいん　②まんかい　③み　④まん
4　①せいこう　②こう　③こう　④こう
5　①はく　②はく　③はくがく　④はくあい
6　①たん　②たん　③たんご
④たんとうちょくにゅう

10ページ

1　①老　②年老い　③老人　④老後
2　①大臣　②家臣　③大臣　④重臣
3　①満員　②満開　③満ちる　④満
4　①成功　②功　③功　④功
5　①博　②博　③博学　④博物館
6　①単　②単　③単調　④単元

11ページ

7　①さ　②じかく　③おぼ　④みおぼ
8　①はいたつ　②たつじん
9　①たてもの　②けん　③た　④けん
10　①な　②やさい　③はくさい
④さいえん
11　①あさ　②あさ　③とおあさ　④あさ
12　①しょ　②はじ　③はつゆき
④しょだい

12ページ

7　①覚える　②目覚まし　③自覚　④感覚
8　①配達　②速達　③上達　④達人
9　①建物　②建　③建てる　④建国
10　①菜　②野菜　③白菜　④菜園
11　①遠浅　②浅緑色　③浅い　④浅い
12　①初雪　②初めて　③初め　④初代

チェックポイント　「初」が、「ネ（しめすへん）」になっていないか注意します。

13ページ

1　①まんぞく　②み　③さ
④せいこう　⑤ろうご　⑥お　⑦かしん
⑧だいじん
2　①はく　②たっせい　③だ
④さいしょく　⑤まんかい
⑥なたねあぶら(ゆ)　⑦かいようはく
⑧たん
3　①はっかく　②み　③た
④しょしゅつ　⑤はつみみ　⑥はったつ
⑦あさ　⑧はくがく・しんか

14ページ

1　①年老い　②家臣　③建つ　④発達
⑤初心者　⑥初めて　⑦浅い　⑧満ちる
2　①博　②野菜　③博物館・建　④菜
⑤覚ます　⑥初め　⑦満たす　⑧達者
3　①初雪　②単元　③成功　④満員
⑤老人　⑥建国記念　⑦達人　⑧大臣

15ページ

13　①せんきょ　②あ　③きょしゅ　④あ
14　①たたか　②せん　③せんごく
④せんご
15　①いさ　②ゆうき　③ゆうしゃ(じゃ)
④ゆう
16　①へんか　②か　③へんどう　④か
17　①て　②しょうごう　③しょうめい
④ひで
18　①くろう　②ろう　③ろうりょく
④ろう

16ページ

13　①選挙　②挙げる　③挙がる　④挙手
14　①戦　②戦国　③戦後　④戦
15　①勇伝　②勇ましい　③勇気　④勇
16　①変化　②変わる　③変身　④変電所
17　①照る　②照明　③照合　④日照り
18　①労　②苦労　③労力　④労

17ページ

19　①わな　②りん　③しゃりん　④りん
20　①うしな　②しっ　③しつぼう
④しつれい

21 ①けん ②けんしつ ③けんぜん ④きょうけん

22 ①けんこう ②しょうこう ③けんこう

23 ①いんさつ ②ず ③さつ ④さっしん

24 ①きかい ②こうき ③しゃしんき ④きかんしゃ

18ページ

19 ①輪態 ②車輪 ③輪 ④輪

20 ①失う ②失 ③失望 ④失礼

21 ①健 ②健室 ③健全 ④強健

22 ①健康 ②小康 ③健康 ④健康

23 ①印刷 ②刷 ③刷る ④刷り

24 ①写真機 ②機会 ③機 ④機関車

19ページ

25 ①きかいか ②かい ③きかい

26 ①こてい ②こゆう ③かた ④かた

27 ①せつやく ②ふしめ ③せつぶん ④ちょうせつ

28 ①とうだい ②しょうとう ③とう ④でんとう

29 ①ひく ②ていか ③ていくう ④ひく

30 ①がっしょう ②あんしょう ③りんしょう ④とな

20ページ

25 ①機械 ②機械 ③機械化 ④械体

26 ①固める ②固定 ③固く ④固体

27 ①節約 ②節分 ③節目 ④調節

28 ①消灯 ②灯台 ③灯 ④電灯

29 ①低空 ②低める ③低下 ④低い

30 ①合唱 ②暗唱 ③輪唱 ④唱える

21ページ

1 ①かんせつ・かた ②あ ③せつぶん ④てんとう ⑤きかい ⑥きかい ⑦いんさつ ⑧せんきょ

2 ①て ②けんしつ ③ず ④せんじょう ⑤くろう ⑥しゃりん ⑦けんこう ⑧しつれい

3 ①にじゅうしょう ②へんか ③ていおん ④うしな ⑤しょうめい ⑥ふし ⑦こじ ⑧か

22ページ

1 ①勇気 ②機械 ③変わる ④合唱・小節 ⑤健康 ⑥挙げる ⑦固い ⑧照り

2 ①苦労 ②失 ③照明 ④節 ⑤輪態 ⑥節 ⑦低い ⑧失う

3 ①勇ましい ②刷る ③車輪 ④印刷機 ⑤戦う ⑥電灯 ⑦節約 ⑧変化

23ページ

1 ①ひく ②しょだい ③いんさつ ④きかい ⑤ゆうき・たたか ⑥か ⑦やさい ⑧かしん

2 ①まんかい ②ろうじん ③せいこう ④はく ⑤こてい ⑥ともだち ⑦けんこう ⑧しゃりん

3 ①お ②み ③あ ④た ⑤とな ⑥へんか ⑦ゆうき ⑧がいとう

24ページ

1 ①固い ②覚める ③浅い ④家臣・戦う ⑤老人 ⑥成功 ⑦博物館 ⑧菜

2 ①苦労 ②失 ③満員 ④合唱 ⑤野菜 ⑥建 ⑦初めて ⑧失う

3 ①節目 ②単 ③低く ④固定 ⑤健康 ⑥印刷機 ⑦電灯 ⑧輪投

25ページ

31 ①たいちょう ②たい ③たいれつ ④おんがくたい

32 ①えいご ②えい ③えいこく ④えいさい

33 ①なかま ②なかなお ③なかよ ④なかがいにん

34 ①そつぎょうしき ②そつぎょう ③そつえんしき ④しんそつ

35 ①がわ ②そっきん ③そくめん

④みぎがわ

36 ①もっと ②さいしょ ③さい
④さいご

26ページ

31 ①隊員 ②隊 ③隊列 ④音楽隊
32 ①英語 ②英国 ③英才 ④英
33 ①仲間 ②仲良く ③仲直り ④仲買人
34 ①卒業 ②卒園式 ③卒 ④新卒
35 ①左側 ②右側 ③側 ④側面
36 ①最 ②最初 ③最も ④最後

27ページ

37 ①せんそう ②きょうそう ③あらそ
④そうてん
38 ①きゅうしょく ②きゅうゆ
③はいきゅう ④きゅうすいしゃ
39 ①ひこうき ②と ③と
④ひこうじょう
40 ①はん ②めし ③ゆうはん
④せきはん
41 ①ほうちょう ②つつ ③ほう
④ほう
42 ①ちたい ②ほうたい ③お ④おび

チェックポイント 「飛」の筆順は、「⺄⺄⺄⺄⺄飛飛飛飛」です。四画目に注意します。

28ページ

37 ①争い ②争う ③戦争 ④競争
38 ①配給 ②月給 ③給水車 ④給食
39 ①飛行機 ②飛ぶ ③飛び ④飛行場
40 ①飯 ②飯 ③夕飯 ④赤飯
41 ①包む ②包み ③包 ④包丁
42 ①包帯 ②地帯 ③帯びる ④帯

29ページ

43 ①ぐんたい ②ぐんじりょく
③ぐんか ④ぐんがくたい
44 ①へいたい ②すいへい ③へいりょく
④ひょうご
45 ①りょうり ②りょうきん ③りょう
④にゅうじょうりょう
46 ①くんよ ②くんれん ③くん
④おんくん
47 ①きせつ ②しき ③うき
④きせつふう
48 ①かんよう ②かんこうきゃく
③かんきゃく ④さんかん

30ページ

43 ①軍楽隊 ②軍歌 ③軍隊 ④軍配
44 ①兵隊 ②水兵 ③兵庫 ④兵
45 ①料理 ②料 ③料金 ④入場料
46 ①訓 ②訓練 ③訓読み ④音訓
47 ①四季 ②季節 ③雨季（雨期）
④季節風
48 ①観葉 ②観光地 ③観客 ④参観

31ページ

1 ①つつ ②へいりょく ③しょくりょう
④きょうくん ⑤ぐんじん ⑥ほうたい
⑦えいご ⑧おび
2 ①はん ②あらそ ③みぎがわ ④なか
⑤けんがくりょう ⑥そつぎょう
⑦かき ⑧ひょうご
3 ①もっと ②めし ③きょうそう
④さいしょ ⑤そくめん
⑥きゅうりょう ⑦ひこうき・と
⑧かんこうきゃく

32ページ

1 ①最初 ②給料 ③地帯 ④飯 ⑤最も
⑥争い ⑦左側 ⑧飛行機
2 ①仲間 ②飛ぶ ③包む ④卒業式
⑤側面 ⑥季節 ⑦飯 ⑧戦争
3 ①包帯 ②観葉 ③軍配 ④英語
⑤包 ⑥海軍・兵隊 ⑦料理 ⑧音訓

33ページ

49 ①かんさつ ②さつしつ ③さっ
④さつ
50 ①かくち ②かっこく ③かくじ

④かくしゅ

51 ①か ②しゃっきん ③しゃく
④しゃくや

52 ①つ ②れんきゅう ③つら
④れんじつ

53 ①はたら ②ろうどう ③はたら
④じゅうろうどう

54 ①ぼくじょう（まきば） ②ぼくそう
③ぼく ④ほうぼく

34ページ

49 ①観察 ②察 ③察室 ④察

50 ①各国 ②各地 ③各自 ④各種

51 ①借りる ②借金 ③借 ④借りる

52 ①連なる ②連れて ③連休 ④連日

53 ①労働者 ②働く ③働き ④重労働

54 ①牧場 ②牧 ③牧草 ④放牧

35ページ

55 ①なんきょく ②きょくりょく
③ほっきょく ④きょくち

56 ①じ ②おさ ③ち ④なお

57 ①わら ②おおわら ③にがわら
④わら

58 ①れい ②れいぶん ③たと
④れいがい

59 ①じゅわき ②きよう ③どき

---

④しょっき

60 ①がくげいかい ②げい ③きょくげい
④しゅげい

36ページ

55 ①南極 ②極地 ③北極 ④極力

56 ①治 ②治まる ③治る ④治

57 ①笑い ②大笑い ③笑い ④笑う

58 ①例 ②例える ③例文 ④例外

59 ①器楽 ②土器 ③器 ④食器

60 ①学芸会 ②曲芸 ③芸 ④手芸

37ページ

61 ①きょう ②てかがみ ③かがみ
④さんめんきょう

62 ①かもつ ②きんか ③かしゃ
④ひゃっかてん

63 ①きよ ②せいさん

64 ①め ②はつが ③しんめ ④めば

65 ①ていへん ②そこ ③ちてい
④かいてい

66 ①つ ②ふろく ③うけつけ ④ふきん

38ページ

61 ①鏡 ②鏡 ③鏡 ④鏡

62 ①貨物 ②金貨 ③貨車 ④百貨店

63 ①清 ②清い ③清める ④清書

64 ①芽 ②新芽 ③発芽 ④芽生える

---

65 ①船底 ②底辺 ③底 ④海底

66 ①付く ②受付 ③付録 ④付近

39ページ

1 ①わら ②かくち ③しゃっきん
④せいりゅう ⑤かんさつ ⑥しょっき
⑦おさ ⑧つ

2 ①なんきょく ②ぼくじょう（まきば）
③はたら ④きょうだい
⑤れんじつ・か ⑥つら ⑦ばくが
⑧ふろく

3 ①ていめん ②たと ③きょくげい
④つうか ⑤ろうどうしゃ ⑥じ
⑦そこぢから ⑧れいぶん

40ページ

1 ①働く ②治まる ③手芸 ④笑い
⑤極 ⑥放牧 ⑦底 ⑧手鏡

2 ①連れ ②観察 ③芽 ④各地 ⑤連帯
⑥例える ⑦極・例 ⑧清める

3 ①治安 ②借金 ③付く ④察
⑤器 ⑥治 ⑦金貨 ⑧借りる

41ページ

1 ①ひこうき ②おんがくたい
③ぐんようしゃ ④きんか ⑤なかま
⑥そつぎょうしき ⑦えいご
⑧せんそう

2
①ひゃっかてん ②つつ
③きゅうりょう ④さいしょ
⑤ほっきょくせい ⑥きよう
⑦ぼうえんきょう ⑧ていへん

3
①ほうぼく ②きょうくん ③せい
④しゃっきん ⑤はつが・かんさつ
⑥ろうどうしゃ ⑦たかわら
⑧ほうたい

42ページ

1
①最も ②付ける ③四季 ④借り
⑤観察 ⑥連れて ⑦各地 ⑧右側

2
①底 ②例える ③卒業 ④給食・食器
⑤飯 ⑥帯びる ⑦仲間 ⑧戦争

3
①兵隊 ②訓 ③貨物 ④芸 ⑤飛ば
⑥笑い ⑦鏡 ⑧清

43ページ

67 ①つづ ②れんぞく ③ぞくしゅつ
④ぞくとう
68 ①はいち ②お ③ほうち ④お
69 ①かこう ②くわ ③ついか ④かさん
70 ①こうみんかん ②しみん
③みんしゅしゅ ④こくみん
71 ①いっしゅう ②まわ ③えんしゅう
④しゅうき
72 ①ふうけい ②けいき

44ページ

67 ①続出 ②続ける ③続いて ④連続
68 ①置き ②置く ③配置 ④放置
69 ①加工 ②加わる ③加える ④追加
70 ①国民 ②公民館 ③民主主 ④市民
71 ①円周 ②一周 ③周り ④外周
72 ①風景 ②景気 ③夜景 ④光景

45ページ

73 ①いちい ②いち ③くらいど
④くらい(ぐらい)
74 ①つめ ②ひ ③れい ④さ
75 ①すえ ②まつ ③けつまつ ④すえ
76 ①さんぽ ②ち ③さんすい ④ち
77 ①ゆうや ②や ③ひや ④や
78 ①いない ②いご ③いらい
④いじょう

> **チェックポイント** 「冷」は、送りがなによって、訓読みがちがってきます。「冷《つめ》たい・冷《ひ》える・冷《さ》める」と送りがなまで、よく注意するようにします。

46ページ

73 ①一位 ②位置 ③位取 ④位
74 ①冷たい ②冷えた ③冷 ④冷
75 ①末 ②末 ③学期末 ④末代

76 ①散る ②散歩 ③散らす ④散水車
77 ①焼く ②焼ける ③夕焼け ④焼け
78 ①以内 ②以上 ③以下 ④以後

47ページ

79 ①めいれい ②ごうれい ③しれい
④れいめい
80 ①きかん ②がいこうかん
③きょうかん ④こうかん
81 ①たりょう ②はか ③すいりょう
④うりょう
82 ①しゅくでん ②しゅくふく ③いわ
④しゅくじつ
83 ①しょうちく ②まつ
③まつむし ④まつばやし
84 ①ばいう(つゆ) ②ばいりん ③うめ
④うめ

48ページ

79 ①号令 ②命令 ③指令 ④令名
80 ①器官 ②外交官 ③高官 ④教官
81 ①多量 ②水量 ③雨量 ④量る
82 ①祝う ②祝賀会 ③祝電 ④祝日
83 ①松竹 ②松虫 ③松 ④松林
84 ①梅 ②梅園 ③寒梅 ④入梅

49ページ

1
①れんぞく ②ひ ③すえ ④ち

⑤しょうちくばい ⑥ふうけい
⑦しゅうへん ⑧れいせい

2 ①ごうれい ②いじょう
③みんしゅしゅ ④がいこうかん
⑤しまつ ⑥さんぽ ⑦くらい ⑧れい

3 ①うりょう ②はか ③しれいかん
④しゅくが ⑤つづ ⑥かこうひん
⑦まつ ⑧いわ

50ページ

1 ①焼ける ②器官 ③大量 ④梅
⑤命令 ⑥祝う ⑦続ける ⑧長官

2 ①位置 ②夜景 ③周り ④冷え ⑤加
⑥祝福 ⑦置く ⑧以内

3 ①学期末 ②散歩 ③連続・位 ④市民
⑤外周 ⑥冷たい ⑦末 ⑧散る

51ページ

85 ①す ②す ③すだ ④す
86 ①けっか ②は
87 ①かいてい ②かいせい ③あらた
④かい
88 ①みまん ②みかい ③みてい ④みち
89 ①しっぱい ②やぶ ③しょうはい
④たいはい
90 ①かんせい ②かんぜん ③かんち
④かん

52ページ

チェックポイント 筆順は、形を整えて美しく文字を書くのに必要な知識《ちしき》です。特に続けて一画で書くところに注意します。

85 ①巣 ②巣立ち ③巣箱 ④巣
86 ①結果 ②果て ③果たす ④果実
87 ①改 ②改める ③改まっ ④改正
88 ①未満 ②未開 ③未定 ④未知
89 ①敗れる ②失敗 ③勝敗 ④大敗
90 ①完成 ②完全 ③完治 ④完

53ページ

91 ①きぼう ②き ③きだい(きたい)
④きしょう
92 ①ねが ②がんしょ ③ねんがん
④がん
93 ①ぐん ②ぐんない ③ぐん ④ぐんぶ
94 ①しがいち ②まちかど
③しょうてんがい ④がいろ
95 ①お②せっかく ③せっぱん ④おり

54ページ

91 ①希望 ②希 ③希代 ④希少
92 ①願い ②願書 ③念願 ④願
93 ①郡 ②郡 ③郡内 ④郡
94 ①市街地 ②街 ③商店街 ④街路
95 ①折る ②折れる ③折角 ④折

55ページ

96 ①つ ②つ ③せきせつ ④たいせき
97 ①ちょっけい ②はんけい ③けいろ
④こうけい
98 ①こうぶつ ②この ③だいす
④こうかん
99 ①かいさつぐち ②ひょうさつ
③にふだ ④なふだ
100 ①けっそく ②やくそく ③たば
④はなたば

56ページ

96 ①積み ②積み ③積雪 ④体積
97 ①半径 ②口径 ③直径 ④径路
98 ①好物 ②好む ③大好き ④好感
99 ①札 ②改札係 ③表(標)札 ④名札
100 ①束ねる ②約束 ③花束 ④束

57ページ

1 ①さつたば ②せっかく ③すばこ
④す ⑤は ⑥けいろ ⑦あらた
⑧お・つ

2 ①みち ②かいへん ③お ④しっぱい
⑤みらい ⑥けっか ⑦かんせい
⑧やぶ

3 ①きぼう ②ぐんない

③しょうてんがい ④がんしょ
⑤きしょう ⑥この ⑦まちかど
⑧ねが

58ページ

1 ①果てし ②約束 ③巣 ④札束
⑤積雪 ⑥結果 ⑦好き ⑧半径

2 ①好物 ②完全 ③折 ④改行
⑤敗れる ⑥未完 ⑦折 ⑧完敗

3 ①願い ②地下街 ③未来・希望 ④郡
⑤手札 ⑥願書 ⑦希 ⑧積み

59ページ

1 ①きぼう ②ばいりん ③けっか
④せきせつ ⑤ちょっけい ⑥やくそく
⑦こうぶつ ⑧まつ・たば

2 ①つづ ②お ③かこう ④かいさつ
⑤けしき ⑥すえ ⑦ねんがん ⑧まわ

3 ①ぐん ②やぶ ③たりょう ④ひ
⑤いち ⑥や ⑦かいしん ⑧ゆうや

60ページ

1 ①折り ②散歩 ③号令 ④冷たい
⑤位置 ⑥雨量 ⑦巣 ⑧祝日

2 ①寒冷 ②梅・散る ③願う ④以内
⑤松竹梅 ⑥地下街 ⑦積み ⑧曲折

3 ①連続 ②未完成 ③加工 ④公民
⑤周 ⑥夜景 ⑦学期末 ⑧外交官

61ページ

1 ①㋐まんぞく ㋑やさい
㋒けんこう ㋓ちたい
㋔きょうこ
②㋐かんかく ㋑でんたつ
㋒でんとう ㋓ろうどう
㋔れんけつ

2 ①うけつけ ②ともだち ③けしき
④くだもの

3 ①りょう ②きょしゅ ③みぎがわ

4 ①お ②あさめしまえ ③あさ
④かがみ ⑤せきせつ ⑥がいろ
⑦せんそう ⑧つづ

62ページ

1 ①死 ②外 ③弱 ④買 ⑤終 ⑥短
⑦楽 ⑧暗 ⑨低 ⑩浅

2 ①会 ②回 ③界 ④械 ⑤海 ⑥絵
⑦改

3 ①固定 ②速達 ③勇気 ④観察
⑤照明 ⑥菜種 ⑦卒業 ⑧付近

63ページ

1 ①しゃく・か ②せん・たたか
③ち・お ④さい・もっと
⑤こ・かた

2 (順不同)
へんか・とうだい・けいき・きき

3 ①さ ②ひ ③つめ

4 ①しょうちくばい ②こうぶつ ③ねが
④させつ ⑤かもつ ⑥す ⑦みんぞく
⑧くわ

64ページ

1 ①束 ②輪 ③包 ④位 ⑤周 ⑥敗

2 ①㋐局 ㋑曲 ㋒極
②㋐飛 ㋑皮 ㋒悲

3 ①老化 ②量る ③底 ④博物館
⑤争う ⑥兵隊・訓練 ⑦治まる
⑧友達・夕飯 ⑨市街地 ⑩完敗

65ページ

1 ①㋐み ㋑まつ ②㋐き ㋑い
③㋐す ㋑たん ④㋐おき ㋑なか

2 ①―㋓ ②―㋔ ③―㋐ ④―㋒
⑤―㋑

3 ①㋐さつ ㋑ふだ ②㋐せつ ㋑ふし

4 ①しゅくふく ②れい ③て
④がくげいかい ⑤えいさい ⑥まち
⑦き ⑧おおわら

66ページ

1 ①㋐連なる ㋑連れる
②㋐初めて ㋑初

③㋐折　㋑折れる

2 ①㋐飯　㋑坂　②㋐順　㋑訓
③㋐清　㋑晴

3 ①例える　②低い　③念願
④大量・印刷　⑤大臣　⑥芽　⑦放牧
⑧変動　⑨満足・成果

67ページ

1 ①㋐せいこう　㋑しっぱい
②㋐さいこう　㋑さいてい
③㋐ぶんさん　㋑しゅうちゅう
④㋐せんそう　㋑へいわ
⑤㋐ぶんとう　㋑ぶんまつ

2 ①くわえる・くわわる　②たてる・たつ
③とばす・とぶ

3 ①そくめん　②ぐんぷ　③しつれい

4 ①くびわ　②す・りょうり　③はつが
④ろうりょく　⑤ついか　⑥とな　⑦や
⑧か

68ページ

1 ①㋐管　㋑官　②㋐各　㋑名
③㋐民　㋑良　④㋐委　㋑季

2 ①芸　②帯　③焼　④積　⑤灯台　⑥笑

3 ①末　②赤飯　③梅　④手鏡　⑤祝う
⑥改める　⑦固く　⑧配置　⑨器用

⑩加える

69ページ

1 ①㋐けい　㋑けい　②㋐てい　㋑てい
③㋐れん　㋑れん　④㋐さい　㋑さい

2 ①—㋓　②—㋐　③—㋔　④—㋒
⑤—㋑

3 ①かんぜんむけつ　②そうしそうあい
③いちいたいすい　④にそくさんもん

4 ①ひょうご　②まわ　③きょうくん
④きせつ　⑤りくぐん　⑥かしん
⑦なか　⑧みらい

70ページ

1 ①㋐着ける　㋑付ける　②㋐位　㋑暗い
③㋐建てる　㋑立てる　④㋐松　㋑待つ

2 ①勇む　②包む　③好む　④祝う
⑤散らす　⑥果たす　⑦満たす　⑧働く
⑨続く

3 ①牧場　②敗れる　③仲間　④戦う
⑤建国　⑥清める　⑦失う　⑧街

メモ